セミナー・知を究める3

民主主義にとって政党とは何か

―対立軸なき時代を考える―

待鳥聡史 著

ミネルヴァ書房

民主主義にとって政党とは何か——対立軸なき時代を考える

目次

序章　民主主義と政党

民主主義の弱点

今日、私たちが生きているのは民主主義の世界です。もちろん、地球上にはさまざまな政治体制があって、その中には権威主義や全体主義と呼ばれるような、民主主義以外の体制も存在しています。ですから、すべての人が民主主義体制の下で暮らしているわけではありませんが、そうした非民主主義体制の場合にも「ほんとうは民主主義を採用したいけれども、自国の現状では当面難しい」といった説明をすることが少なくありません。どの国にとっても、民主主義ではないことを正当化するのは、かつてに比べてはるかに難しくなっています。その意味で、世界規模で望ましいと考えられている政治体制が民主主義体制であることは確かだといえるでしょう。

民主主義とは、社会を構成する人々の考えや望んでいることにもとづいて政治が進められ、政策が決められることだと、抽象的には定義できます。しかし、社会を構成する人々の考えや望んでいることは、どのようなものでしょうか。人間はいつも素晴らしいことばかりを考えたり望んだりするとは限りません。むしろ、誰であっても利己的でよこしまなことを考えることがある、と思っておくべきでしょう。また、私たちはついカッとなったり、後から考えるとつまらないことや無意味だと思えることに、奇妙に熱中した経験を持っているのではないでしょうか。たくさんの人が集まる場所や組織だと、その傾向がときに強まってしまうことも、経験的に知っている人は少なくないと思います。いわゆる集団心理、群集心理と呼ばれるものです。

このような人間の悪徳や弱さが多くの人々の心を占めるとき、あるいは多くの人々が何らかの理由で誤った認識や期待を抱いてしまうとき、民主主義の政治には間違った選択をしてしまう恐れが生じます。さらに集団心理の存在は、付和雷同的に無責任な政策を求める人々と、それに迎合あるいは便乗して行動する政治家を生み出し、民主主義に基づく政治を不安定なものにしてしまうことがあります。政治が人間の営みである以上、間違った選択をしてしまう危険性はどの政治体制にもあります。しかし、民主主義にはたくさんの人々、それも特別な能力や見識を持たない一般の人々が多数関与するので、誤った決定をしてしまう危険性はとくに大きいと、伝統的には考えられてきました。

歴史上も、民主主義は大きな過ちを何度も犯してきました。古代ギリシャにおいて最も隆盛を極めた都市国家（ポリス）はアテネでしたが、アテネが採用していた政治体制は民主主義でした。しかし、多数派の意向に従った政策として進められたペロポネソス戦争は泥沼化し、最終的にはライヴァルのスパルタに敗れるだけではなく、近隣の大国ペルシャの支配に服することにもなってしまったのです。

その後、長らく民主主義は危険で望ましくない政治体制とされましたが、近代に至ってヨーロッパやアメリカで広く採用されるようになりました。それは今日まで続いていますが、その途中には、当時最も民主主義的な仕組みを採用しながら、そこから二〇世紀最悪の独裁者となったアドルフ・ヒトラーに権力を与えた、ヴァイマル憲法下のドイツのような例も生じました。

個々人が善き人間になるという解決策

多数派が間違ってしまうことは民主主義の弱点であって、政治について考える人は長らく、この弱点をどうすれば克服できるのかに思いをめぐらせてきました。

古くから提示されてきた解決策の一つは、個々人がきちんと考えればいい結論が出るとか、個々人が真面目にやれば良くなるといった、社会を構成する人々を個人として善き存在にするというものです。人間がきちんと物事を考えることができれば政治は良くなる、あるいは民主主義はうまく機能するという議論はずっと続いてきました。たとえば、民主主義に対して肯定的ではなかったのですが、古代ギリシャの哲学者プラトンなども、そういう立場をとっています。プラトンの場合、そこからさらに話を進めて、すべての人が物事をきちんと考えることはできないので、そのような潜在能力を持ち、それを磨き上げた人物だけが、政治に関与すべきだという議論に向かいます。いわゆる哲人政治の考え方です（プラトン 一九七九）。

ここまで行かなくとも、市井の人々は無知蒙昧なので、政治にあまり関与させない方がよいのだという主張は、今日に至るまで絶えることがありません。たとえば、社会思想史を専攻するある研究者は、日本政治の現状を強く批判する文脈で、二〇一七年に次のように述べています（白井聡「民主主義考 白井聡さんが語る安倍政治（上）国家権力の腐敗と本質」『ヤフーニュース・バイライン』二〇一七年五月二二日付。最終アクセスは二〇一八年五月一八日。文中の算用数字は漢数字に改めました。https://news.yahoo.co.jp/byline/shiraisatoshi/20170522-00071188/）。

しかし、何も為政者のみが悪いのではなく、このような状態を許容しているのは、究極的には国民大衆だ。昨年七月の参院選の際、神奈川新聞が実施したアンケート結果を見て私は衝撃を受けた。質問は、参院選で焦点となっている「三分の二」の意味を知っていますか――。一〇〇人に聞いたところ六七人は「知らない」と回答したという。憲法改正を発議するためには「両院それぞれ三分の二以上の賛成」が必要という数字であり、今後安倍政権が進めたがっている改憲論議を踏まえれば、参院選の最も重要なテーマだったはずだ。

だがおよそ七割の有権者はそのことを認識していなかった。正論を言えば、こんな状況下で普通選挙をやっている事の方が間違っている。

かつて制限選挙が当たり前だった時代の普通選挙導入論に対する批判は、「判断力のない人々（愚民＝貧乏人と女性）に選挙権を与えたら、ろくでもない政治家を選ぶので危険だ」というものだった。貧しい人や女性には判断力がないという考え方は間違っているが、しかし判断力がない人間に参政権を与えるのは不適切、という論理はもっともである。

だが、普通選挙制度は導入された。ではかつての批判にどう答えてきたのか。最も筋の通った反論は、「判断力が未熟な場合があるとしても、人は判断力を高めるべく努力するはずだ」というものだ。

今日の惨状をみたとき、この反論は成り立つのか。人口の大多数が義務教育の年限を超えて教育を受けているはずなのに、最低限の政治知識も持ち合わせていない。それは要するに、公民たろうとする意思がないということだろう。あるいは、地方に行けば投票先について「うちは昔から代々ずっと〇〇先生に決めていますから」という話をよく聞く。現に未熟であるだけでなく、その自覚もない。

戦後日本の民主主義が成功したかのようにみえたのは、経済成長によって社会が安定していたからにすぎない。民衆の政治的成熟度の点では、日本はアジアの最後進国に成り下がりつつある。

私はこの見解に全く同意しませんし、ひどく荒っぽい主張だと思いますが、議論の組み立ては古典的といえるほどにオーソドックスな民主主義批判です。このような批判からは、民主主義を維持するために「民衆の政治的成熟度」あるいは「民度」を上げるか、それが上がらないのであれば民主主義をやめるべきだ、という結論が容易に導かれます。

しかし、個々の人間あるいは集団としての人間の政治的成熟度が向上すれば民主主義が良くなるという議論は、正直いって見果てぬ夢でしょうし、そもそも民主主義の弱点にとって意味のある解決策だとも思えません。

人間が神様のような存在になり、自らの「真の利益」を常に適切に認識し、他者を常に思いやれるようになれば、民主主義による政治はうまくいくに違いありません。けれども、そこには権力作用（他者に、その人が望まないことを強いること）を伴った政治はそもそも不要でしょう。また、社会を構成するすべての人、あるいはそこまでいかなくとも大多数が、素晴らしい見識を持った真面目な人間になった場合、少しの外部ショックがあっただけで、社会はたちまち崩壊してしまうのではないでしょうか。ある社会の中で高く評価される考え方や行動は、ほとんどの場合、その社会の価値観を前提にしています。ですが、一つの価値観に染め上げられた社会は結局のところ全体主義と同じであり、個々人の創意工夫の余地が著しく制限されるのですから、外部環境の変化に脆いことは明らかです。利己的な人、風変わりな人、他人とは違った発想や行動をとる人を許容しない社会は弱いのです。

善き人間を求めない解決策としての政党政治

だからこそ、私たち個々人がそうであるように、人間は誰しもほどほどに善いことを考え、善い行動をするけれども、ときに邪悪なことを考え、他者を押しのけ、間違ったことをしでかしてしまう存在なのだというところから、民主主義や政治のあり方と利点を考える方が、実用的で建設的だと私は思います。人間は誰しもさまざまな理由からさまざまな行動をしており、その中には良い動機もあれば、あまり他人様には言えない動機もあります。そのことを前提にしながら、複数の人間が交わって行なわれる社会のさまざまな活動（政治もその一部です）がうまくいくようにするにはどうすればよいかというのが、ほんとうに考えないといけないことなのです。

本書でこれから論じようとすることは、その点に関係します。常に良心的であるわけではない人間が、相互にやりとりをしつつ物事を決めていく政治のあり方、すなわち民主主義体制を前提にして、そこに政党が存在することで何が生じるのか、あるいは政党の存在は民主主義の世界を生きる個々人に何をもたらすのかについて、考えてみようと思います。人間が神様のような存在、プラトンが想定した哲人王のような存在にならなくとも、いやむしろならない方が社会にとって望ましく、かつそうであるからこそ、政党政治には大きな存在意義があるのではないか、ということです。

もう少し具体的にいえば、本書では、今日の民主主義体制下における政党のあり方、あるいは政党と政党の間の関係を扱います。政党政治とは、複数の政党が政治権力の獲得を目指して競争し、その結果として政党の存在に基礎を置く政府が生まれ、その政府によって政策が展開されることを指しています。したがって、複数の政党があって初めて政党政治が成り立つわけですが、では政党政治が実際どのようになっているのかについて、過去との比較、あるいは今日のさまざまな国の政党政治と比較しながら議論していきたいと思います。その際、常に念頭にあるのは現代日本の政治とその将来像です。もちろん、快刀乱麻に明確な答えが出てくるものではありませんが、政党とか政治とか、またそれより大きなところにある民主主義を考える手がかり、別の言い方をすれば、いま私たちはどこにいるのかという、自分たちの現在地についての手がかりを見つけることができれば幸いです。

本書の構成

次の章からが、この書物の本篇に当たります。各章および終章の内容について、簡単に説明しておくことにしましょう。

まず第1章では、政党がなぜ存在するのか、政党が存在することは民主主義の下での政治にとってどのような意味があるかについて、政党をめぐるさまざまな考え方や、政党が実際にたどってきた歴史を振り返りながら論じます。国家レヴェルであれ、地方レヴェルであれ、政治や政府は「全体の利益」や「公共の利益」を追求する存在であって、だからこそ人々に税金を課し、そうやって強制的に集めた財政資源を、さまざまな政策に使うことが認められているという考え方は、ごく一般的です。これに対して政党は、特定の考え方や利害関心にもとづいて一部の人々が集まって結成するものですから、政党政治を通じて政府の運営に関与することは、公共の利益（公益）を追求するはずの存在を私物化する行為である、という批判は、今日に至るまで頻繁になされてきました。私益を追求する政党が公益の担い手になりうるのか、という難問はどうすれば解決できるのか、先人の思想と政党政治の起源を振り返りながら考えてみたいと思います。

第2章でも引き続き政党政治の歴史を扱いますが、その焦点は、政党の存在が各国の政治で当たり前になる一九世紀以降に合わされます。この時期以降になると、政治に参加できる人々（有権者）の範囲が広がりはじめ、二〇世紀の初頭までにヨーロッパやアメリカの主要国では成人男子の普通選挙が始まります。日本もそれにはわずかに遅れますが、大正デモクラシーの高まりを経て、昭和初期の一九二八年から成人男子普通選挙が導入されました。女性の参政権も、第二次世界大戦後までには各国で認められました。このような有権者の増大は政党の役割を強め、各国の民主主義は政党の存在を前提としたものとして展開されるようになります。二〇世紀は政党政治の黄金時代だったのです。しかし、その終盤に差し掛かる頃から、民主主義と政党の関係にはすきま風が吹き始めます。このような変遷がなぜ生じたのか、現状はどのようになっているのかについて、広く概観するのがこの章の狙いです。

ここまで歴史的な展開に重点を置いてきましたが、政党について考えるためには、政党が持つさまざまな側面のうち何に注目すべきか、また政党政治のあり方は何によって規定されるのか、さらには政党政治のあり方が何をもたらすのか、といったことを理解しておく必要があります。そのための理論的な検討を加えるのが、第3章です。政党についての理論にはいくつかのアプローチがあります。この本ではまず、政党を考えるための着眼点として、一つの政党のあり方を扱う「政党組織論」と、複数の政党の間の関係を扱う「政党システム論」に区分します。その上で、政党組織と政党システムのそれぞれについて、従来主流であった社会経済的要因から説明する考え方と、個々の有権者や政党のメンバー（政治家や政党員）の自己利益追求から説明する新しい考え方を紹介します。本書では基本的に後者の立場に依拠しつつ、各国の政治の仕組み（制度）との関連を重視した説明を行うことにします。政党についての理論に関心がある方は、この章から読み始めてもよいと思います。

第4章から第6章では、より個別具体的な対象として、日本の政党政治を取り上げます。第3章で提示した理論的枠組みを意識しつつ、ただしそれ以外の要因にも目配りしながら、明治憲法体制期から今日までの政党政治のあり方について議論を進めることにしましょう。

日本の政治体制が厳密に民主主義になったのは、第二次世界大戦後に日本国憲法が制定されてからですが、それ以前の明治憲法の時代にも民主主義的要素は決して乏しくありませんでした。とりわけ、伊藤博文を総裁として立憲政友会（政友会）が結成された一九〇〇年から、大政翼賛会に合流するために主要政党が解党する一九四〇年までの期間は、政党の存在が政治と政府のあり方に大きな影響を与えていました。そのため、戦後の自由民主党（自民党）を中心とする政党政治の時代とあわせて、ここで扱うことにします。本書において、日本の政党政治は一つの事例、実例として位置づけられていますが、日本政治の基本的な動きに関心がある方は、これらの章のみを読んでも理解できるようにしたつもりです。

終章では、視野を再び世界に広げつつ、各国で政党が直面している課題を改めて明らかにすると同時に、今後の政党政治のあり方についても若干の展望を与えたいと思います。政治では「一寸先は闇」といわれます。政治に関わる人々の行動と相互作用は複雑であり、国際的な環境変化や大規模な自然災害などの予測困難な事柄の影響も受けやすいため、政治についての将来予測は極めて困難です。また、筆者が専攻しており、本書が依拠する学術的な基盤である政治学は、確度の高い将来予測を行うだけの理論やモデルを持っておらず、経験科学の一分野として過去と現在について分析することを主たる任務としています。したがって、今後の展望といっても、十分な根拠や確度をもって述べることはできません。しかし、本書で述べてきたことを応用して近未来を考えてみるとこうなるだろうと申し上げることで、読者の皆さんに何らかの考えるヒントを差し上げられればと思います。

なお、本書は政党という「お堅い」テーマを扱っています。内容的にどうしても難しく、敬遠したくなってしまいがちですので、少しでも読みやすくすることを心がけました。そのために、できるだけ具体的な例に言及したり、複雑な議論のエッセンスのみを述べるようにしました。議論の根幹をなしている多くの先学の業績についても、註をつけるのではなく、叙述に当たって直接参照した文献を本文中に「（著者名　出版年）」で示し、巻末にまとめて掲げることにしました。より幅広く、本書のテーマに関連する研究論文や海外の文献を芋づる式に当たっていきたいとお考えの方は、筆者が近年公刊した『政党システムと政党組織』（待鳥　二〇一五ａ）という小著もあわせてご一読いただければ幸いです。

第1章　政党政治の起源

1　政党の存在意義

政治における公益と私益

現代の民主主義国家では、政党は必ず複数存在します。それはごく当たり前のように思われるかもしれませんが、政党が一つではない、言い換えるならば一つの政治勢力が権力を独占していないことは、民主主義体制にとっては極めて大切な要素です。そのことが、ほとんどの先進民主主義諸国より大きな経済規模を誇る中国や、大国としての政治的影響力を保持し続けているロシアとの決定的な違いでもあります。中国には実質的に一党しかありませんし、ロシアは複数政党というかたちをとりつつも、限りなく一つの政治勢力が権力を握っています。政治学では、政党が実質的に一つしかない国家を民主主義とは呼びません。ですから、両国は世界の主要国だといって差し支えありませんが、民主主義体制とはいえないのです。かつては、共産主義体制が自らを「人民民主主義」と称しましたが、それは一種の詐称です。民主主義体制には複数の政党があって、それらが有権者からの支持を求めつつ、権力をめぐって競争するのが大前提です。

日本は民主主義体制のグループに入っています。この見方に対して、日本では自民党政権が長く続いていて、政権交代はほとんどなく、一つの政治勢力が権力を独占しているではないか、と思う方がいるかもしれません。それは政党間の競争という言葉の意味を異なって理解しているからです。複数の政党が存在し、そこに権力をめぐる競争があったとしても、それが政権交代につながるとは限りません。日頃から人々が政治について自由に考え、語ることが許されており、選挙が公正に行われているとしても、政権交代の可能性があるというだけで、実際に政権交代が起きるかどうかは分からないからです。政権交代の有無は、民主主義体制であるかどうかの決定的な分岐点ではありません。

また、詳しくは第4章以降で論じることになりますが、日本の場合には政権交代が滅多に起きないわけでもないのです。戦後間もない時期に三回の与党の入れ替わりがありました。具体的には、一九四七年の吉田茂内閣（自由党）から片山哲内閣（社会党・民主党などの連立）への交代、四八年の芦田均内閣（社会党・民主党などの連立）から吉田茂内閣（自由党）への交代、そして五四年の吉田茂内閣（自由党）から鳩山一郎内閣（民主党）への交代を指します。その後、確かに自民党の長期政権が続きますが、一九九三年以降には四回の与党交代を経験しています。すなわち、九三年の宮沢喜一内閣から細川護熙内閣（日本新党・新生党などの連立）への交代、九四年の羽田孜内閣（日本新党・新生党などの連立）から村山富市内閣（社会党・自民党などの連立）への交代、二〇〇九年の麻生太郎内閣（自民党・公明党の連立）から鳩山由紀夫内閣（民主党・社民党などの連立）への交代、そして一二年の野田佳彦内閣（民主党）から安倍晋三内閣（自民党・公明党の連立）への交代です。

与党が入れ替わることを政権交代と呼ぶならば、戦後約七〇年の間に七回の政権交代があったというのは、必ずしも少なくありません。また、自民党の長期政権についても、スウェーデンの社会民主労働党やインドの国民会議派など、民主主義体制の下で三〇年以上の長期政権を維持した政党は他国にも例があって、ここからも戦後の日本を民主主義体制の諸国から除外することはできません。民主主義体制と呼べるかどうかの決定的なポイントは、思想信条や言論の自由が保障されている社会に複数の政党が存在しており、有権者の支持をめぐって競争関係にあることなのです。

しかし、民主主義体制の下で政党はなぜ複数存在しているのでしょうか。政党が複数あって競争している状態がどういう意味で良いのか、なぜ望ましいと思われているのかについては、説明が意外に難しいのです。実際にも、政党が複数あることを望ましいとみる考え方は、思いのほか新しいものです。歴史的、思想的には、民主主義体制であろうとなかろうと、政治は「みんなの利益」「全体の利益」あるいは「公共の利益」を目指すものだと、ずっと考えられてきました。政治は公益とか国益を追求する存在だということです。いまでもそういう言葉遣いは存在していて、たとえば現代日本で安倍政権と野党が論戦しているときに、野党側が「安倍政権で国益が守れるのか」と言うと、政権側は

「私たちこそ国益を守っている」と反論したりします。これはごく当たり前のやりとりのように思えますが、考えてみると、国益や公益が政党の存在とどういう関係にあるかを理解するのは、少し難しいことではあります。

国益とか公益がほんとうに一つしかなく、それが明確に定義できて、誰にとっても同じような利益があるのだとすれば、政党が複数あるという状態はむしろ変なことなのではないでしょうか。政党がいくつもあって、それぞれが国益や公益を実現すると主張し、よりよく実現するために競争関係に立つというのは、少しねじれた現象だとも思えます。実際にも、国益とか公益は社会全体の利益なのだから一つのグループが追求するほうがいい、社会全体を代表するような一つの集団や権力者がいて、国益や公益を実現していく方が当たり前だという考え方が一般的でした。確かにそのほうが正直で、素直な反応かもしれません。

私益を追求するための集団としての徒党

したがって、政党は長らく嫌われてきました。政党が好きだという人はいまでも少ないかもしれませんが、かつての政党イメージはもっと悪いものでした。政党は怪しげなもので、社会全体の利益を追求すると称して全体の利益を自分のものにしてしまう存在、具体的にいうと、国の財政からお金を盗んでいくような存在だと認識されてきたのが実情です。

一例を挙げてみましょう。後ほど少し詳しくふれますが、イギリスでは一七世紀の末、一六八八年から八九年に名誉革命が起こります。名誉革命は、専制的な政治を行っていた国王ジェームズ二世を貴族たちが追放したという事件です。その後、ジェームズ二世の娘婿に当たるウィリアム三世をオランダから呼び寄せて新しい国王とし、妃メアリ二世との共同統治を担わせるとともに、権利の章典を発布して君主権限を制限することにしました。イギリスにおける立憲君主制の起源だとされています。その時期に上院議長を務めた貴族であるジョージ・サヴィル（初代ハリファクス侯）は、「たとえ最上の政党であっても……一種の陰謀団でしかない」と語りました（苅谷 二〇〇六）。この人物は当時としても保守的だったのですが、それを割り引いたとしても「陰謀団」とはずいぶんな物言いだというべきでしょう。

このような政党観は決して例外的なものではありませんでした。名誉革命が起こった後も、おおむね一八世紀まで、政党は真っ当で公的な存在とは考えられていませんでした。政党という言葉には、徒党とか派閥のイメージ、何かよからぬことを企んでいる連中としてのイメージ、政治権力と国家財政を私物化するために集まっているイメージ、そのようなものがまとわりついていたのです。政党を英語でパーティ（party）といいますが、語源を共有している単語にパート（part）があります。パートというのは部分のことで、合唱や演奏のときに使いますし、業務時間の一部だけを担う人をパートタイマーと呼びます。ここから分かるように、パーティとは全体の中の一部の人々がつくった集団を指します。登山で使うパーティはその典型で、登山者全体の一部からなる集団がパーティというわけです。いずれにしても、パーティは全体からみると部分、パートでしかありません。そのようなものが全体の利益のための行動などとれるわけがないのだから、そこには何か虚偽やごまかしがあるに違いないという理解が、一八世紀まではごく当たり前だったわけです。

また実際問題としても、当時は政党と称していたものが相当いい加減であったことは否定できません。先ほど挙げたイギリスの場合、名誉革命に際して国王に近かった勢力がトーリーあるいは王党派、貴族や彼らが依拠する議会に近かった勢力がホイッグあるいは議会派として、最初の二大政党になったという説明がなされることがあります。しかし現実には、名誉革命後のトーリーとホイッグの違いはごく曖昧なもので、一八世紀初頭にはトーリーとホイッグの連立政権がつくられることも珍しくありませんでした。そもそも、トーリーにせよホイッグにせよ、政策によって一枚岩的にまとまった組織とはほど遠く、内部にはさまざまな派閥を抱えていて、政党というよりも派閥を単位にした行動も頻繁にみられたのです（的場 一九九八）。

新しい視点——マンデヴィルとバーク

このように、政党に対しては否定的な評価を下すのが常識だった時代に、政党に積極的な存在意義を見出す議論が登場します。みんなが一つの方向で似た見解を繰り返しているときに、違った方向の意見を出すことは簡単ではありませんが、このようなことができる人がいて、社会にイノヴェーション（革新）が起きるわけです。政党をめぐる議論の展開は、異なる考え方の存在を許容するという意味での社会の多元性が持つ意味を、鮮やかに示すものだといえるかもしれません。

政党の存在意義を基礎づける議論につながるものとして、おそらく最初に提示されたのが、バーナード・マンデヴィルというイギリスの文筆家によるものです。正確にいえば、マンデヴィルはもともと医師だった人物ですが、当時は科学者にして文章も書けるという人は珍しくありませんでしたし、その際に書く文章としても、政治や経済、文化や文学もすべて語るというのは普通のことでした。この人が一七一四年に『蜂の寓話』という本を出版しました（マンデヴィル　一九八五）。名誉革命の少し後で、イギリスの政治権力が国王から議会へと移りつつあった時代に当たります。

『蜂の寓話』に収められた「社会の本質についての考究」という論文の中で、マンデヴィルは「人間のよくて愛らしい性質ではなく悪くて憎むべき性質や、彼の欠点や、ほかの生き物には授けられている美点の欠如こそ、天国を失ったすぐあと、彼をほかの動物よりずっと社会的なものにしてくれた最初の原因である」と述べます（マンデヴィル　一九八五：二一五頁）。そして、美や正義を追求する精神、あるいは利他心ではなく、自己愛や利己心こそが、社会と経済の発展につながるというのです。再び引用すれば「利得への望みや富への思いが、いかにも多様でしばしば奇妙にも相反する形に人間をつくりあげるか、ということを目にするのは、わたくしにとって大きな喜びである」（マンデヴィル　一九八五：三三二頁）。つまり、私益を追求する活動が世の中を良くする可能性があるというわけです。

公益の名の下に私益を追求しているのではないかというのが伝統的な政党に対する批判であったのに対して、マンデヴィルの議論からは、私益を追求するという作業を通して公益が実現されてくるという発想を引き出すことができます。この発想は一八世紀の後半になると、より明瞭になってきました。

ここで注目すべきは、エドマンド・バークという人物です。バークはアイルランド出身のイギリスの政治家で、政治思想家としてもよく知られています。今日では保守の政治思想家として、最も著名かもしれません。彼の最も有名な著作に『フランス革命の省察』があります。バークの生きた時代はまさにフランス革命があり、アメリカが独立する時代で、世界史的な変動期でした。彼はフランスに革命が起きたのを目の当たりにして、あのように強力であった国家が転覆していくことにも、ある意味で必然的な要素があったという議論をしています。たいへん興味深い本なのですが、ここで紹介するのはそれとは別の作品です。作品といっても、書いたのではなく演説で、「ブリストル到着ならびに投票終了に際しての演説」と題され、通常は単に「ブリストル演説」と呼ばれています（バーク 二〇〇〇）。ブリストルはイギリス南西部の地名で、演説を行った一七八〇年当時は、そこが彼の選挙区でした。ただし、出身地や何らかの関係があった場所ではありません。現代日本でも「落下傘候補」という言葉がありますが、本来は無縁の場所から立候補することは、当時のイギリスでは珍しくありませんでした。

演説においてバークは、有権者に対して「諸君は確かに代表を選出するが、一旦諸君が彼を選出した瞬間からは、彼はブリストルの成員ではなくイギリス本国議会の成員となるのである」（バーク 二〇〇〇：一六五頁）と主張します。議員はどこから選ばれていたとしても、国全体を代表する存在になるべきなのだというわけです。一八世紀の半ばあたりまでの代表に対する考え方では、政治家が自分を選んでくれた選挙区のために活動するというのが当たり前でした。当時はもちろん制限選挙、つまり有権者資格は一部の財産所有者などに限定された選挙だったのですが、それでも有権者たちは政治家に地元の利益や意向を代表する行動を期待する傾向を持っていました。現在では地域代表と呼ばれるような考え方です。バークはこのような考え方を批判して「もしも地方的有権者が自己の利害関係にもとづいて、そこでは共同社会の他の構成員の真の利益に反することが一目瞭然である性急な見解を作り上げるならば、その地域から選出される代表は他の地域の代表に少しも劣らず、この種の意図を実現しようとする努力を排除しなければならない」（バーク 二〇〇〇：同頁）とまで言い切ります。ここに表れているのは、今日の言い方を使えば、国民代表に当たる考え方です。つまりどの選挙区から当選したとしても、議会に入れば国全体の利益を追求する、議員というのはそういう存在だというのですから、当時としては斬新な発想だったでしょう。

バークのこの考え方は、やや抽象的な方向に広げてみると、社会の一部を基盤にしているからといって、社会全体のことを考えないことと同じではないし、同じであってはいけない、という立場につながります。政党の場合、選挙区のように地理的に限られているわけではないけれども、社会で区切られた一部分の利益しか代表していないという点では共通しています。この点をより明瞭に述べたのが「現代の不満の原因を論ず」という別の作品です。ここで彼は政党について「その連帯した努力により彼ら全員の間で一致している或る特定の原理にもとづいて、国家利益の促進のために統合する人間集団のことである」（バーク 二〇〇〇：八〇頁）という有名な定義を提出します。確かに個々の政党は異なった考えを持っており、確保できるのは政党内部での一致だけです。しかし、それは社会全体あるいは国家全体の利益のために行動することと矛盾しないというわけです。バークの議論は、部分しか代表していないはずの政党が、なぜ全体の利益を追求できるのか、という問いに対して、一つの答えを提示したことになります。

政党が存在することはむしろ政治にとってプラスになるという主張は、部分利益の追求者、すなわち徒党として罪悪視されていた政党観を大きく転換するものでした。ただしバークは、部分利益の追求者である政党が政治権力を確保した場合に何が起こるのかについては、明確な議論を提示していません（的場 一九九八）。彼は「アン女王治下の偉大なウィッグ党［ホイッグ］」（バーク 二〇〇〇：七九頁）を有益な政党の例として挙げています。アン女王は名誉革命から間もなくの一八世紀初頭に君主となった人物ですが、ロバート・ウォルポールをはじめとするホイッグの有力政治家を閣僚に起用して、トーリーとの二大政党間競争の基礎を作り出しました。そう考えると、トーリーという反対党の存在があって、初めてホイッグは政治権力の濫用を防ぎ、かつ自らも濫用しない「偉大な」存在になれたと考えるべきなのでしょう。つまり、政党が部分利益を追求するとしても、それが複数存在すれば競争と相互抑制が生まれるので、政治に適切なバランスが確保される、というわけです。

マディソンによる権力分立の制度化と多元主義

バークにおいてはまだ萌芽的だったこの発想を、より具体的、制度的に展開したのが、ジェームズ・マディソンという人です。マディソンもまた政治家であり政治思想家だった人物ですが、彼の活躍の場はアメリカで、政治家としては第四代の合衆国大統領を務めました。大統領だったのは一八〇九年から一八一七年までの八年間で、前任者は独立宣言の起草で有名なトマス・ジェファソン、後任はいわゆるモンロー・ドクトリンを打ち出したことで有名なジェームズ・モンローです。この時代はまだ建国期から活躍していた政治家が多く、大統領には綺羅星のように著名な人物が並びます。

その中で、初代大統領のジョージ・ワシントンやジェファソンに比べると、マディソンの知名度は日本ではあまり高くない印象があります。しかし、マディソンが最も活躍したのは、実は大統領になる前でした。政治、政党、権力の担い手などの考え方の発展の上では、マディソンこそが決定的な役割を果たした人物だというべきでしょう。今日の比較政治学では、権力分立を重視した政治制度の効果を強調する立場をマディソン主義（マディソニアン）と呼ぶことがあります。

なぜそう呼ばれるのかといえば、マディソンがアメリカ合衆国憲法の制定において重要な役割を果たしたからです。合衆国憲法は、政治権力への制約と人権の保障を柱とする近代立憲主義にもとづく初期の成文憲法（憲法典として条文化された憲法）の一つであり、国家レヴェルで現在も有効な最古の成文憲法です。それ以前に発布された文書としても、イギリスの権利の章典やフランスの人権宣言のように、現在も実質的には憲法の一部をなしているものはありますが、憲法典としてはアメリカが最古なのです。

アメリカでは、一七八七年にフィラデルフィア憲法制定会議が開かれました。アメリカの独立宣言が出されるのは一七七六年で、それから一〇年ほどのあいだは、いまの憲法とは違う「連合規約」という名前の憲法が存在していました。後ほどもう少し詳細に説明するように、連合規約の下でのアメリカ政治は、もともと別々にイギリス領の植民地として成立していた「邦」のそれぞれが高い自律性を保っており、かつ各邦の政治では民主主義の行き過ぎがみられたために、うまくいっていませんでした。独立を認められた条約で、アメリカ合衆国として行った約束について、各邦政府の協力が得られないといった問題が生じていたのです。問題の核心には、各邦が協力しないと合衆国が運営できないという連合規約の規定がありました。そこで、連合規約を修正するための会議と称して集まってきた人たちが、憲法を一から書き換えることにしたのです。なお、アメリカを構成する各植民地はのちに「州」となりますが、この時代には国家に準ずる存在として「邦」という言葉を宛てるのが一般的です（アメリカの憲法制定史については、阿川〔二〇一三、二〇一六〕が明快です）。

これは、今まで使っていた憲法を修正するというのとは全く違い、新しいルールで新しい憲法を制定する試みでした。連合規約の修正という体裁をとりながら、新しい憲法案については連合規約の改正手続きによらずに各邦の批准を求めることにしました。連合規約の改正には、一三の邦すべての批准が必要だとされていましたが、新憲法制定に反対する人々が多数派である邦が存在することが分かっていたからです。反対派は少数であっても各邦にいましたから、これは一種のギャンブルでしたが、最終的にはうまくいきました。日本でも憲法については押しつけとか改正手続きをきちんと踏んでいないとかさまざまな議論がありますが、アメリカの憲法制定にも似たところがあります。だいたいの場合、憲法は「出生の秘密」を負っているわけで、日本もアメリカの憲法も例外ではないということです。

マディソンはヴァージニア邦の代表として、フィラデルフィア憲法制定会議に参加しました。当時のヴァージニアは、ニューヨークやマサチューセッツと並ぶ有力な邦の一つでした。憲法制定会議にはどの邦も識見に富むと思われていた有力者を送っていますが、彼は植民地時代からヴァージニアでは知られた人だったのです。最終的に合衆国憲法に反映されることになる、従来よりも強力な中央政府の樹立や、権力分立によって特定の勢力が強力になりすぎない仕組みなどは、マディソンが中心になって憲法制定会議で検討が進められました。

新しい憲法案が各邦での批准を受ける過程で、マディソンは憲法案を擁護するためのさまざまな著述活動を行いました。とくに、当時すでに大きな人口を擁していたニューヨーク邦の人々がそれを受け入れてくれるかどうかが、批准にとっての勝負どころだと考えられていました。そのため、マディソンはニューヨーク邦での支持を広げるために、仲間であったアレグザンダー・ハミルトンとジョン・ジェイの三人で、新しい憲法の意義を語る論説を連続して公表しました。これが、のちにフェデラリスト・ペーパーズと呼ばれるアメリカ政治思想上の古典となります（ハミルトン／ジェイ／マディソン 一九九九）。彼らの努力が実って、ニューヨーク邦は無事に新憲法案を批准し、他の邦の批准も比較的順調に進んで、一七八八年にアメリカ合衆国憲法は成立しました。

これら一連の活動を通して、マディソンは政治権力のあり方をどう考えたらいいかについて、非常に透徹した視点を打ち出しました。アメリカはイギリスから独立するときに、イギリスでは国王に権力が集中していて、アメリカに対して無茶な要求をするから独立するのだと主張しました。専制的な君主の暴政は許されない、というわけです。マディソンの議論は、国王に権力が集中しているのと同じくらい、一般の人々や彼らを代表する議会に権力が集中することは危険なのだ、というものでした。それは「多数派の専制」です。多数派の専制を避けるためには、権力を担おうとする政治勢力のあいだに競争関係をつくり、それによって相互抑制をするメカニズムが大事になります。政治権力を担ってそれを私物化しようとすることを、マディソンは「党派的野心」と呼んでいますが、彼によれば、ある党派的野心を抑えるための最善の方法は、別の党派的野心によって制することなのです。

この考え方は、先に紹介したバークの場合と似ています。従来の、党派的野心があること自体がダメで、個々の人間が党派的野心を持った行動をすべきでないという議論に対して、党派的野心をなくすことはできないので、異なる党派的野心を持つ別の政治勢力と競争することが大事だというわけです。政治権力の行使を通じて公益や「みんなの利益」が実現するには、政治権力を担いたい、使いたいと思っている複数の勢力があって、その勢力のあいだに競争関係をつくり出さなければいけない。その競争関係があって初めて、権力は適切に使われるようになるのだという議論です。

マディソンの新しさは、政治勢力間の競争関係が、議会の上院と下院の関係、あるいは議会と大統領の関係に表現され、制度的に定式化されていることを重視したところにあります。これがいわゆる権力分立による抑制と均衡の考え方です。権力分立については、三権分立という言い方をすることもありますが、マディソンは司法部門を含めた権力分立まで明確に構想していたわけではありませんし、大統領の位置づけについても憲法制定会議の終わり頃に定まったものでした。憲法制定会議の途中までは、議会の下院を上院が抑止するという構想が中心だったのですが、最終段階で大統領による議会の抑止が憲法案に書き込まれ、さらに新しい憲法にもとづく合衆国の運営が始まって一〇年ほど経った段階で、司法権を含めた三権分立が確立されました。しかし、その基礎となる発想はマディソンの議論の中にあったわけです。

ここまで述べてきた、バークの議論にその萌芽が存在しており、マディソンによって確立された考え方を、多元主義あるいは多元的政治観と呼びます（五十嵐 一九八四）。やや繰り返しになりますが、その最大公約数的な主張は次のようなものです。自己利益や特定の理念を追求しようとする政治勢力が、別の利益や理念を追求する勢力と競争することによって、政治権力が一つの勢力のために行使されなくなる、そのことによって政治は総体として公益を追求できる。言い換えるなら、私益を追求しようとする勢力が相互に競争して、勝ったり負けたりを繰り返していくと、その過程全体を通じてバランスのとれた選択がなされるということです。だとすれば、政治権力を担おうとする勢力、すなわち政党は一つであるよりも複数である方が望ましく、かつ特定の勢力が政治権力を独占しない方が望ましい、ということになります。

このような議論が提示されることによって、公益や全体の利益を追求するはずの政治に、なぜ私的利益を追求する勢力としての政党が、しかも複数必要なのか、という問いに、明確な回答が与えられることになりました。これは、民主主義と政党を結びつける上で、極めて重要な思想的転回だったということができます。

政党の存在はなぜ代議制民主主義に不可欠なのか

しかし、実は難問がもう一つ残っています。それは、公益とか全体の利益とか、あるいは「みんなの利益」とはいったい何であり、どのようにして見つけられるのか、という問題です。誰にとっても自明の「望ましいこと」や「正しいこと」は、社会にいくらでも存在しているように思われます。たとえば、きれいな水や空気の存在は、そのようなものでしょう。ですが、工場をつくって儲けたいとか、自動車を使って便利に暮らしたいと考えている人がいるとしたら、どうでしょうか。このような人は、水や空気がきれいであることに異存はないでしょうが、そのために工場の建設や自動車の利用を制約されることは望まない、という意見であるかもしれません。政治において扱われる課題は、ほとんどの場合にこうしたタイプの問題、すなわち複数の望ましい事柄の間にいかなる優先順位をつけるかという問題です。全員にとって「正解」あるいは疑問の余地のない優先順位が分かっている課題であれば、嫌がる人に強制して権力的に解決する必要がないので、政治の出番はないのです。その意味で、全体の利益などがほんとうに存在するのだろうかという疑問が湧いて当然だともいえますが、歴史的にはその存在を想定して、定式化する試みが長年続けられてきたこともまた事実です。

その最も有名なケースは、ジャン＝ジャック・ルソーが出した議論だと思います。ルソーは代表的な著作である『社会契約論』の中で「一般意志」という言葉を使っています（ルソー 二〇〇五）。一般意志は極めて難解な概念として知られていますが、個々人の利益（ルソーの言い方では「個別意志」）の単なる足し算ではなくて、社会を構成する人々が、自分だけではなくみんなのことを考えたときに浮かび上がってくる共通善のようなものだと、ルソーは考えていたようです。しかし、それが結局のところ何なのか、どうやって見つけ出して具体化できるかについては、彼自身も曖昧な議論しかしていません。一般意志、あるいは全体の利益をどのように発見し、確定させるかについては、今日に至るまで答えは出ていません。

皮肉なことに、答えが出ていないので悪用する人が出てきます。一九世紀から二〇世紀、とりわけ二〇世紀には、自分たちこそ全体の利益を最もよく分かっている、自分たちについてくれば全体の利益につながると称して、多くの人を不幸にする政治勢力が世界各地に多数出現しました。それは二〇世紀において最も大規模かつ悲惨な結末をもたらした、左右の全体主義です。その下で、社会を構成する一般の人々の意思や利益を無視した独裁政治が展開されました。ドイツにおけるナチズム、ソヴィエトにおけるスターリニズムはその典型ですが、第二次世界大戦が終わって数十年経っても、カンボジアのポル・ポト派支配のような例はなくなりませんでした。二〇世紀は科学技術の進歩や国際人権思想の深化などが顕著にみられ、大多数の人々が以前よりも安全で快適に暮らせるようになった時代でした。しかし、二度の世界大戦を含め、政治権力によって多数の人々が生命を奪われ、人生を狂わされた時代でもあったのです。

そうした全体主義体制において語られたことは、政治権力を握っている勢力やその指導者が、全体の利益を唯一追求しているという考えでした。全体の利益を適切に測定したり、定式化したりできるのであれば、ヒトラーであれスターリンであれ、全体主義の政治指導者や彼らを支える政治勢力が主張していることは嘘だと分かったのかもしれません。しかし先にも述べたように、全体の利益が定式化できないがゆえに、そのことを悪用した政治勢力が現れても、それを止めることができませんでした。そして、今日においてもなお、自分たちだけが全体の利益を把握し、追求できると主張する政治勢力は、世界中から消え去ることがありません。

結局のところ、特定の人や集団だけが公益を実現できるという考え方、優れた人間だけが全体の利益を見つけることができるという考え方、さらにはそもそも全体の利益が同定できるという考え方は、決して望ましいものではないように思われてなりません。全体の利益を見出し、具現化するのは、見果てぬ夢というよりは悪夢なのではないでしょうか。むしろ、誰しもみな全体の利益など分からないし、それがあるかどうかも分からないことを前提に、それぞれに自らの利益を競争関係や相互抑制関係の中で追求していくことで、おそらくはいちばん害がないかたちで政治を機能させられるのだという、マディソン的な政治観（多元主義）が最も穏当なのでしょう。そして、第二次世界大戦以降の世界では、なお全体主義に向かう勢力がときに力を持つことがあったとしても、全体的にみれば多元的な政治観と、その中での政党の役割が受け入れられてきたといえます。

2　政党の歴史的起源

一七世紀イギリス

ここからは、実際の政党のあり方をその起源からみていくことにしましょう。政治権力をめぐってさまざまな勢力が争うという現象は、おそらくは人間の社会とともにあると考えることができるでしょう。たとえば中世のヨーロッパでは、ローマ教皇と神聖ローマ皇帝が権力闘争を繰り広げますが、このときに各地の貴族たちは教皇支持派と皇帝支持派に分かれます。日本でも、南北朝時代や応仁の乱、関ヶ原の戦い、大坂の陣など、それぞれの時代に支配的な立場にある人々が二分され、激しく権力争いをする例が数多く存在しています。そこに「党」という言葉が使われることもありました。ただ、これらの権力をめぐる争いに登場する勢力が、直接的に今日の政党につながっていると考えることはできません。争いの場が戦場や近代以前の政治制度であったためです（以下、ヨーロッパ諸国に関する本節の叙述において主に参考にしたのは、的場〔一九九八〕、君塚〔二〇一五〕です。一九世紀までの議会の役割については、さしあたり待鳥〔二〇一五b〕をご参照ください）。

今日私たちが目にする政党のルーツを考える上では、議会を中心とする近代の政治制度と結びついた勢力間の争いを、その出発点とみなすべきだと思います。それはやはり一七世紀のイギリスに求められます。当時のイギリスは、前世紀（一六世紀）半ばにスペインの無敵艦隊を打ち破るなど、ヨーロッパの主要国としての地位を占めつつありました。一六〇三年にはイングランドとスコットランドが同君連合を形成し、ブリテン島の統一にも成功します。しかし、元来はヨーロッパ北辺の島国であって、絶対主義王政を確立したフランスやスペインに対して優越的であったわけではありません。国教会制度をつくり上げてはいたものの、ローマにいる教皇に対抗できていたわけでもありません。君主への集権化が国力の増大に結びつくと考えられていた時代に、むしろそのように比較的弱い国であったために、大陸ヨーロッパ諸国では失われた身分制議会の伝統が維持されたともいえます。課税などの財源確保を行おうとする際に、国王が貴族院（上院）と庶民院（下院）からなる議会の了解を取りつけるという慣行は、一六世紀に成立しました。

ところが、一七世紀前半の一六二九年に親政を開始した国王チャールズ一世は、財源確保のための課税強化などを、議会の同意なく進めます。国王は、その権力が神から与えられたものであるという王権神授説に依拠しており、議会の同意なくして課税を行えるという立場だったのです。議会上院に基盤を置く貴族や下院に議員を送っていた富裕層は、当然このような動きに反発します。彼らはオリヴァー・クロムウェルを指導者として国王に対抗し、ついにチャールズ一世を追放してしまいます。これがピューリタン革命です。しかし、ピューリタン革命後の共和政は長続きしませんでした。クロムウェルが一六五八年に亡くなると、共和政は著しく不安定になり、一六六一年には亡命していたチャールズ二世の戴冠によって王政に復帰します。王政復古のあと、チャールズ二世と続くジェームズ二世は再び議会を無視した専制的な国政運営を図りますが、国王権力の無制限で恣意的な行使は認められないことはピューリタン革命においてすでに明らかであり、結局はジェームズ二世も亡命を余儀なくされました。これを名誉革命といいます。ただし、このときには共和政への転換はなされず、オランダからジェームズ二世の娘メアリ二世とその夫ウィリアム三世を国王として迎え、イギリスは立憲君主政へと向かいます。

この過程では、国王の権力が無制限ではないという点で貴族や富裕層の間には広く一致がみられましたが、どの程度まで国王に国政運営上の役割を認めるかについては一致がありませんでした。しかも、ジェームズ二世はカトリックで、宗教改革によって国教会制度を成立させていたイギリスでは、カトリックの君主は受け入れがたいと考える人々も多かったのです。そこで、カトリックの国王を認めるかどうかで貴族たちは二派に分かれ、認める側がホイッグ、認めない側がトーリーと呼ばれるようになります。もともとはどちらも蔑称でした。さらに名誉革命のあと、オランダから来た新しい国王が権力の主たる担い手になることを受け入れるかどうかについて、伝統を重んじるトーリーは比較的寛容であり、ホイッグは議会が国政の中心になるべきだと主張しました。ここにトーリーは王党派、ホイッグは議会派として、これら二つがやがて保守党と自由党という政党に転じていくのです。

保守党は現在まで二大政党の一翼を担い続けており、今世紀に入っても、二〇一〇年からは政権与党の地位にあります。実に息の長い政党です。それに対して自由党は、二〇世紀に入ると労働党という新興勢力に追い落とされ、第三党に転落してしまいます。イギリスでは議会選挙に小選挙区制が採用されていますので、二大政党から第三党になると、党勢の回復は極めて難しくなります。自由党も例外ではなく、長らく苦難の時期が続きました。その間に他党との合同によって、名前も自由民主党に変わります。その自由民主党は、二〇一〇年に保守党との連立によって、ついに政権に復帰しました。旧自由党系の政党が政権与党になったのは、第二次世界大戦中の挙国一致内閣以来のことでした。二〇一五年の選挙ではまた惨敗を喫してしまい、小政党に逆戻りしてしまいましたが、歴史的には非常に古い政党として今日まで存続しています。

先にも少し述べましたが、名誉革命前後から一八世紀初頭にかけてのトーリーとホイッグが、今日の二大政党のようにはっきりと違う立場を打ち出す存在だったと考えるのは正しくありません。とくに初期には、政策や原理原則の対立ではなく、人的関係が大きな意味を持っていたというのが実情でした。そのために、政党とは徒党にすぎないという批判が沸き起こってきたわけです。はじめから王党派と議会派があり、時代が下ると、伝統的な秩序や貴族の利益を大事にする集団と、ブルジョアジーや自由主義勢力の利益を代表する集団に分かれていったという説明は、しばしばホイッグ史観と呼ばれるもので、一九世紀にイギリスの政党政治が安定したあとで過去についてもさかのぼって解釈を与えたという色彩が強いのです。政党についてのバークの見解も、実はその原型に当たるような考え方です。しかし、一七世紀にトーリーとホイッグという二つの勢力が生まれてきたことが、近代における政党の歴史的起源として非常に重要であったことは間違いありません。

一八世紀アメリカ

今日までつながる政党政治の、もう一つのルーツがアメリカです。アメリカの場合にも、政治の仕組み、あるいは「国のかたち」と政党政治の起源が密接に関係しています。先にも少しふれたことと重なりますが、アメリカの建国期の政治をもう一度おさらいしておきましょう。

アメリカでは一七七五年に独立戦争が始まり、翌七六年に独立宣言が出されます。この時点では、いわば一方的に宣言しただけであって、実際に戦争でもイギリスに対して優位に立つのは、もう少し後のことでした。戦争の帰趨はまだはっきりしなかったのですが、独立宣言の前後から、アメリカ合衆国を構成する各邦（旧植民地）は、憲法の制定を始めます。アメリカは最初から「アメリカ」という一植民地として建設されたのではなく、マサチューセッツとかニューヨークとかヴァージニアとか、一三の植民地が別個に形成されていました。植民地として建設された時期も、理由も、入植した人々の特徴も、それぞれに違いがありました。それが連合して、イギリス相手の独立戦争を始めたわけです。そのため、憲法についても当然別々に制定しました。しかし、対外的には「アメリカ合衆国」になったのですから、共通のルールも必要です。このような国家のあり方を「国家連合」と呼び、アメリカの場合には、共通のルールを「連合規約」と呼んでいました。今のヨーロッパ連合（ＥＵ）と似た仕組みです。

連合規約の下では、政府としての基本的な役割を担うのは各邦で、外交などいくつかの限定された課題についてのみ、各邦政府が創設した中央政府が担うことになっていました。合衆国を構成する各邦は、連合規約を「固い友好同盟」として結んだはずだったのですが、それぞれに違う来歴や社会経済的条件を持つ各邦の関係は、実際にはあまり良好とはいえませんでした。仲間という面もあるけれど、ライヴァルでもあり、ひどい場合には敵対的ですらあったわけです。それに加えて、各邦内部の政治においては、独立戦争で活躍していた非富裕層の発言力が大きくなっていました。植民地であったアメリカには、イギリスとは無関係な軍隊はなかったので、フランスからの支援を得るまでのあいだ、独立戦争を支えたのは農民や商工業者が加わった民兵によるゲリラ戦に近いものだったのです。ゲリラ戦の英雄たちは、しかし元をただせば国際情勢などに詳しくもありませんでしたし、参戦したことで個人的な借金なども増えてしまっていました。彼らは、各邦の議会を根拠地に個人負債の帳消しを図る立法などを行って、社会経済の混乱を引き起こしていました。多数の横暴とか多数派の専制とか呼ばれる現象です。

かくして、各邦の関係が良好でないために中央政府の運営に困難が生じたことと、各邦内部で多数派の専制による社会経済的混乱が生じたことから、連合規約に代わる新しい合衆国運営の基本ルールがつくられることになりました。これがアメリカ合衆国憲法で、先にふれたように、一七八七年の春から夏にかけてフィラデルフィアで開かれた憲法制定会議で原案が作成され、各邦での批准を経て翌八八年に発効します。新憲法の制定は連合規約の改正という体裁をとっていましたが、改正であれば全邦の批准が必要であるはずなのに、九つの邦の批准だけで足りるとしていたことなど、手続き的には疑問の余地がありました。また、合衆国憲法は、中央政府の力を強め、かつ政府内部には多数派の専制が起こらないよう権力分立を導入することを目指していました。これはとくに人口が少なく経済的基盤の弱い邦にとっては、強くて大きな邦に圧倒されかねないことを意味していました。一般の人々から遠い中央政府を強力にすること、つまり集権化に対する原理的な反対もありました。合衆国憲法の批准を推進する勢力がフェデラリスツ（連邦主義者）と称したのに対して、これらの反対派はアンチ・フェデラリスツと呼ばれます。

フェデラリスツが危惧したよりも順調に批准は進み、一七八八年の秋から冬には最初の大統領選挙や連邦議会選挙も行われて、アメリカ政治は新しいスタートを切りました。この時点ではまだ、政党に当たるものは成立していません。初代大統領のワシントンは、すべての選挙人の投票を得て選出されており、事実上の信任投票でした。

しかし、合衆国憲法に賛成した人たちの中にも、連邦政府の運用を実際に始めてみると、このままではやはり集権的になりすぎると思う人も出てきました。理由はいろいろあったのですが、ワシントン政権で財務長官を務めたハミルトンが、憲法が想定した以上の積極的な集権化を進めようとしたことが大きかったといわれています。また、折からヨーロッパではフランス革命が起こっていました。独立を支援してくれたフランスか、旧宗主国であり国民の大部分がルーツを持つイギリスか、どちらと連携するかについても、アメリカ国内では意見が割れていました。それらの結果として、憲法批准には賛成であった有力者のうち、独立宣言を起草したジェファソンや、フェデラリスト・ペーパーズの執筆者であったマディソンなどが、これ以上の連邦政府の強大化に賛成せず、かつフランスとの関係を重視する立場になりました。彼らはかつてのアンチ・フェデラリスツの一部と合流し、リパブリカンズというグループをつくります。

リパブリカンズというのは直訳すれば共和主義者あるいは共和派ということで、今の共和党と同じ名前ですが、共和党のルーツという説明にはかなり無理があります。そこで、そのままカタカナにしておくのがよさそうです。実際の意味合いとしては、内政面では連邦政府の強大化に反対して州の役割を重視することが政策上の特徴ですので、州権主義者とか州権派といった感じになります。対抗するフェデラリスツは、連邦政府の役割を相対的に重視することと、イギリスとの関係を大切にすることが基本政策でした。ここに、フェデラリスツとリパブリカンズという二つの政治勢力が一八世紀の末に成立し、一九世紀に入ると、まずこれら二つの勢力のあいだでの競争が展開されていくようになります。アメリカ史上最初の政権交代は、一八〇〇年の大統領選挙の結果、フェデラリスツのジョン・アダムズからリパブリカンズのジェファソンに代わることで実現しました。

議会の時代としての一九世紀

一九世紀になると、イギリスやアメリカだけではなく、ほかのヨーロッパの主要な国々、たとえばフランスやプロイセンなどの国でも議会の影響力が高まっていきます。今日の議会のルーツは中世ヨーロッパにおける身分制議会で、貴族や聖職者（僧侶）、都市代表などが課税に関する君主からの要望について協議したり、場合によっては君主を選出するといった役割を担っていました。しかし、一七世紀になって君主権力が強まり、いわゆる絶対王政の時代になると、君主は課税やその他の政策について貴族たちに諮る必要がなくなりました。その意味で、一七世紀や一八世紀は王権の時代です。並行して身分制議会は衰退していったのですが、唯一ほぼ継続していたのがイギリスの議会であり、長らく開かれてはいなかったものの形式上は残っていたのがフランスの三部会だったわけです。これらを皮切りに、各国で議会が政策決定の主役になっていきます。一九世紀は議会の時代だということができます。

イギリスの場合、名誉革命によって中世以来の議会が権限を確立するという経過をたどりましたから、議会に選出される政治家は貴族や富裕層たちでした。こういった人々を名望家と呼びます。地域で声望のある、名の通った人ということです。似たような経過で、一九世紀の議会にもかつての身分秩序が比較的残った例としては、スウェーデンなどの北欧諸国が挙げられます。これらの国々の場合には、議会が政治的正統性を確保した後に、有権者資格や立候補資格の拡大が図られていきます。イギリスの選挙法改正は、その最もよく知られた例でしょう。

それに対して、フランスをはじめとする大陸ヨーロッパ諸国では、形式的には議会が復活したという形をとっていても、実際には新設に近くなります。このときに大きな意味を持っていたのが、フランス革命の経験です。フランス革命は、絶対王政に対する貴族や都市市民の異議申し立てとして始まり、だからこそ当初は三部会の復活を要求していたわけですが、最終的には急進化して身分秩序そのものの再編に向かいます。中世以来の、ヨーロッパ全域に貴族や聖職者が存在し、それが地域的にフランスにいればフランスの国王権力に従う、といった国家横断的な身分ごとのつながりを断ち切り、フランスという国家が先にあって、誰もが一つの国民としてまとまることが、新しい理念として掲げられました。これが国民国家の誕生で、革命後にナポレオンが行った戦争は、新しい国民国家と周囲の国々に残る従来からの身分秩序との理念的な争いでもありました。戦争はもちろん旧秩序側の国々の勝利に終わるわけですが、革命からナポレオン戦争までに形成された理念そのものは、一九世紀のヨーロッパ社会に根を下ろすことになります。

各国の議会も、こうした国民国家形成と切り離して考えることはできません。すなわち、身分秩序とは異なる原理にもとづいた国家なのであれば、そこでの議会のあり方も当然に国民の代表であることが期待されるでしょう。国民国家においては、兵役などの国民の義務も身分や社会経済的地位にかかわらず課せられることになりましたので、義務ばかりがあって政治的権利がない状態に人々を置いておくことは困難でした。その結果として、議会に代表を送る権利、すなわち政治参加の権利を認めるという形で、政策決定に国民を包摂するようになったのです。このような経過をたどる場合、議会は政治的正統性を確立することと並行して、政治参加の拡大を進めねばなりません。これはなかなか容易なことではなく、フランスやドイツがそうであったように、一九世紀には革命と反動が繰り返し起こることになりました。しかし全体としてみれば、政治参加の拡大を伴いつつ議会の政治的正統性が高まっていく時代でした。その過程で、議会の中で特定の政策要求をする集団としての政党も、次第に存在感を強めていきます。それについては次章で詳しくみていきましょう。

なお、明治前半期の日本の政治も、このような文脈の中に位置づけることができます。一八五四年の日米和親条約締結による開国、あるいは六八年の明治維新、いずれを起点にしても構いませんが、日本は近代国家への道を歩み始めます。近代国家としての政治制度を整えていく過程では、さまざまな試行錯誤が行われましたが、最終的にはドイツを模範とした制度が採用されます。ドイツは、とりもなおさず新興の国民国家でした。そして、自由民権運動として政治制度の外側に置かれていた国民の政治参加の欲求を、帝国議会の開設によって制度の内側に取りこもうとしたのでした。初期の帝国議会には、名望家から自由民権運動の闘士までさまざまな人々が加わり、さまざまな政治勢力が存在していました。

詳しくは第４章で述べることになりますが、その中から次第に有力な議会内政党として育つのが自由党です。ご存知のように、自由党は自由民権運動の際に板垣退助が中心になってつくられた政党ですが、当初は他の勢力と同じく、今日の政党とはかなり異なる存在でした。簡単に言ってしまえば、怪しげなところも多々あったわけです。しかし、板垣の自由党の時代、自由民権運動の時代が終わって、星亨という人が出てきます。星自身も、決して清廉潔白なだけの政治家ではなかったようですが、自由党を、自由民権運動から続く反権力の運動組織ではなく、議会内で政策を実現していく集団に変えようとしました。その試みは次の世代に引き継がれ、自由党は伊藤博文と原敬の政友会につながっていきます。

第2章　政党政治の発展

1　初期の政党政治

制限選挙

前章の終わりに、一九世紀は議会の時代であったと述べました。議会の時代とは、実は政党の時代でもあります。これからお話しするように、政党の時代は二〇世紀まで続くのですが、その始まりは一九世紀にあるといえるでしょう。

しかし、一九世紀の政党は二〇世紀以降の政党とはかなり異なるものでした。最大の理由は、議会が制限選挙によって構成されていたことに求められます。国民国家の成立は、市民の政治参加への道を開いてはいくのですが、すべての市民が政治に参加する、つまりは選挙権を与えられる状態に、一足とびになったわけではもちろんありません。段階的に制限がなくなっていき、すべての成人市民が選挙権を持つ普通選挙が実現したのです。一九世紀から二〇世紀初頭にかけて、男子普通選挙は各国で実現していきます。日本の場合は一九二八年からです。いちばん最後まで残ったのは性別による制限です。女性参政権が実現するのは二〇世紀前半という国が多く、第二次世界大戦後という国もあります。アメリカのように、人種による制限が実質的にはさらに遅くまで残った例がありますが、法的にはアメリカも南北戦争後の憲法修正で人種による選挙権の制限を禁止していました。

ちなみに、制限選挙と普通選挙という区別、とくに普通選挙という言葉にはもはや古色蒼然とした響きがあるかもしれません。普通選挙というのはuniversal suffrageの訳語ですが、日常語としての「普通」の反対語は「特別」とか「特殊」でしょうから、「普通選挙」と「制限選挙」の対比は少し奇妙なのです。「制限」の反対語は「無制限」でしょうし、選挙権の「限定」という意味で考えるならば「普遍」の方が良さそうに思われます。実際、ユニヴァーサルというのは、普遍的に誰もが選挙権を持っていることを意味しているので、本来は普遍選挙といった言葉を充てるべきだったのかもしれません。しかし、それを普通と訳したために、何となく分かりづらい言葉になってしまったわけです。

ともかくも、一九世紀は制限選挙が一般的でした。その際にいちばん重視されていたのは、財産の有無でした。財産の有無とは、具体的には多くの場合、納税額や不動産所有の有無を指し、一定額以上の納税をしていない人々や不動産を持たない人々の政治参加を制限していたのです。このことについて、資産を持っている人だけが政治権力を独占して、非富裕層、あるいは古い言い方をすれば無産者（財産がない者）を政治から排除するためであるというニュアンスの説明がなされることがあります。しかし実際は、必ずしもそういう意図ではありませんでした。この当時の政治に対するものの見方、政治観の中では、財産のない人が政治について、あるいは公的な事柄について、真っ当に考えられるわけがないとされていました。つまり社会全体のことや政治のこと、自分以外の人々のこと、公共的なことを考えるためには、やはり自分の生活が安定していなくては無理なのだと考えられていたわけです。中国の古典である『孟子』から日本にも入ってきた「恒産なくして恒心なし」という故事成語がありますが、似た発想は世界中にあったということです。この立場からみると、制限選挙は非富裕層を政治から排除するというよりも、そもそも政治や公共の事柄について考えられるためには、一定の財産を持っていないと無理だろうということになるのです（フォーナー 二〇〇八）。

そういう発想は、結果的には有権者資格を限定する効果を持つことは確かです。限定が当時いちばん小さく、制限の度合いが弱かったのはアメリカです。革命期のフランスのように普通選挙を定める例はありましたが、長続きはしていません。では、なぜアメリカで制限選挙の程度が小さかったかというと、実は土地の広さが大きな意味を持っていました。当時、すなわち一九世紀初頭のアメリカは、いまのアメリカからみるとかなり小さく、しかもその多くが未開拓地だったのですが、それでも当時のヨーロッパの平均的な国から比べると格段に広い国でした。そうすると、ヨーロッパの国と同じような制限選挙を採用して、土地を何エーカー持っていないと選挙権を得られないと決めていても、アメリカの場合は比較的簡単にそのラインを超えられます。そのために、アメリカのほうが制限選挙の度合というのは小さかったのです。ただ、制限選挙だったことに違いはありません。アメリカに白人の成人男子普通選挙が実現するのは、一八三〇年代のことになります。

名望家政党

では、制限選挙の時代に政党はどのような存在であったのでしょうか。この時代の政党は、一般には「名望家政党」と呼ばれます。この言葉はドイツの社会学者であるマックス・ヴェーバーが二〇世紀初頭に使って知られるようになったもので、ドイツ語では Honorationrenpartei というようです。日本政治史、政党史でもよく使われる印象があります。ただ、現在の比較政治学ではあまり国際的に使われている用語ではなく、ほぼ同じ意味の「幹部政党 cadre party」という言葉の方が一般的だと思います。幹部政党という言葉は、フランスの憲法学者・政治学者であったモリス・デュヴェルジェが第二次世界大戦後に提唱したものです。名望家政党と幹部政党は完全に同じか、という疑問はありうるわけですが、本書ではほぼ互換的に使うことにします。

前章にも登場した名望家という言葉は、いかにも戦前につくられた訳語という感じがありますが、それぞれの地域において人々の声望を集めているような人たち、具体的には貴族とか地域の資産家を指します。何世代にもわたりずっとその土地に根付いていて、そこで地元の人をさまざまなかたちで雇用しながら、しかも雇用している人にはあまり無茶なことも要求せずに、家屋敷を維持したり事業をしている人たちが名望家です。最近まで日本でも放送されていたイギリスの人気テレビドラマに

「ダウントン・アビー」という作品がありますが、そこで描き出されている伯爵家が、まさに一九世紀末から二〇世紀初頭の名望家の姿です。

簡単にいってしまえば、この人たちにはお金や資産があります。財産を持っているので政治で生計を立てる必要がなく、政治活動はむしろ公共心や利他心の発露という面すら持っていました。社会的地位も高いために、政治で経済的利益を得たという悪評が立つことも嫌いました。第一次世界大戦までのヨーロッパ諸国では、士官として軍務につき、有事に際しては率先して戦場に向かうことが上流階級の行動準則とされていたわけですが、議員としての活動は平時において同じような意味を持っていたのです。現代の日本では、最近も地方の議員が政務活動費を不正取得したという話があったように、公金から拠出されている政治活動支援の資金を私的流用する事例が珍しくありません。似たような話は、日本以外の国々でもしばしばみられます。しかしそのようなことは、当時の名望家にとっては何よりも恥ずかしい話でした。

この時代の名望家にとって、政治家としての活動、議員としての活動は年に数カ月、あるいは数カ月にも満たない場合もあって、その人の活動全体の中ではわずかしか占めていません。お金についても、議員であることによって得る報酬というのがあろうがなかろうが、生活には全く影響ありません。むしろ自分が所属している政党を運営していくための資金を自分で出しているわけです。有権者の範囲も狭く、有権者自身も財産を持っているので、政治活動にお金がかかるとしても、たかが知れているという面もありました。政党は名望家の社交クラブに近い存在でした。

余談ながら、名望家のなれの果てというか、ある意味で究極のかたちが、井戸塀政治家と呼ばれる存在です。政治活動に財産を使い果たして、井戸と塀しか残らなかった政治家を指します。この言葉には少し揶揄が入っていますが、自己資金で政治活動を行うことへの敬意は昔も今も変わらないとはいえます。ただ実際のところは、一九世紀には有権者も富裕層だったので、政治活動に財産を使い果たす必要はあまりなかったのです。政治に必要な資金が飛躍的に増大するのは、やはり普通選挙が一般的になった二〇世紀の現象です。財産を持たず、政治に関する知識や経験に乏しい有権者は、買収や供応の直接の対象になったこともありますが、彼らを動員するための情報流通や広告などに多くの資金が投入されたのです。政治資金をめぐる問題が起こるたびに、政治家がお金を使うからいけないのか、有権者がたかるからいけないのか、という話が出ますが、井戸塀政治家の存在からはその両方なのだということが分かります。

政党間の対立構図

名望家政党の間にある対立は、そもそも財産を持っている人の間に生まれる対立ということになります。後ほど詳しく述べますが、二〇世紀の政党間の対立は、財産を持つ人と持たない人の対立としての性格を強く帯びてきます。しかし、一九世紀の政党間の対立は、そのような性質では必ずしもなかったわけです。

具体的には、財産を何によって形成しているのか、伝統的な秩序の中で貴族として財産を得ている勢力なのか、あるいは自分が事業を興して、何らかの経営の才覚があって財をなしている勢力なのかというのが、最も大きな違いになります。イギリスが典型的ですが、前者が保守主義者、後者が自由主義者になります。政党としては保守党と自由党です。自由主義者は改革志向が強く、関税の引き下げなどによる自由貿易の推進や奴隷制廃止といった社会経済改革、選挙法改正による有権者資格の拡大をはじめとする政治改革を推し進めていきます。イギリスでは、この時代になると下院選挙で多数派となった政党の党首が国王から首相に任命され、下院多数派からの信任のみによって内閣が存続する慣行が完成します。今日、私たちが議院内閣制として理解している政治の仕組みが出来上がり、二大政党間の政権交代が一般化するわけです（君塚 一九九八、的場 一九九八）。

また、大陸ヨーロッパの一部の諸国では、政党間の対立に宗教的な差異が関わってくることもあります。宗教的差異といってもキリスト教内部の話で、カトリックとプロテスタントの違いです。この違いは、今日では想像しがたいほど当時の人々には重要なことであり、生活文化や社会経済的な立場の違いとも密接に結びついていました。国民国家が成立する以前には、カトリック対プロテスタントの対立は、ローマ教皇と各国の世俗君主の対立と重なり合っており、超国家的な宗教秩序と国家的な世俗秩序の対立でもありました。一九世紀に入ると国民国家の時代になりますので、カトリックも国家を単位とした世俗的政治秩序を受け入れています。しかし、とくにプロテスタントが多数派の国において一九世紀半ば以降に社会の世俗化や自由主義化が強まると、それに対抗して伝統的な社会を守るためにカトリック政党が成立した例がみられました。ドイツやベルギーはその典型ですが、プロテスタントのカルヴァン派からこうした動きが出現した、オランダのような事例も存在しました（水島二〇〇二）。

例外としてのアメリカ

ヨーロッパ諸国とは違った展開をたどるのがアメリカです。アメリカは、国土の広大さから土地所有による政治参加への制限が当初から緩やかな効果しか持たない傾向があったことは、すでに述べました。それがさらに明確になるのが、一九世紀の前半、一八三〇年代のことです。アメリカでも建国当初は名門家系があって、支配的な役割を果たしていました。大統領でいえば、初代のジョージ・ワシントン、第二代のジョン・アダムズ、第三代のトマス・ジェファソン、そして第四代のジェームズ・マディソンと、すべて大規模なプランテーション農園を持ち、奴隷や多数の使用人を抱える名望家でした。このような人々がとくに多かったのがヴァージニア州で、当時の政治は「ヴァージニア王朝」によって取り仕切られていると揶揄されるほどでした。ヴァージニア州は北部と境を接する南部の州ですが、タバコなどのプランテーションが植民地時代から発展し、豊かな地域だったのです。

このような名望家支配の最後となったのが、一八二四年の大統領選挙で当選した第六代大統領ジョン・クインジー・アダムズでした。彼は第二代大統領ジョン・アダムズの息子で、ヴァージニアと並んで当時大きな州であったマサチューセッツ州を地盤にしていました。東海岸のマサチューセッツも、植民地時代の初期から多くの人が暮らし、ボストンのような都市が早くから形成されて、社会経済的に発展していた地域でした。しかし、ジョン・クインジー・アダムズが当選した一八二〇年代になると、アメリカは独立当時に比べて西方に領土が著しく拡大し、西部への人口移動（西漸）と開拓が進んでいました。西部にはまだ州に昇格していない地域も多かったのですが、すでに州になっている地域も、東海岸地域に比べると大きく区切られたところが目立ちました。人口密度が全く違っていたわけです。アメリカの政治は州を単位にしていることが多いため、州の数でみると東海岸に比べて西部のフロンティアは損をしていました。

一八二四年の大統領選挙は、この問題を顕在化させてしまいます。選挙はジョン・クインジー・アダムズ、アンドリュー・ジャクソン、ヘンリー・クレイという有力三候補の争いになり、議会下院での決選投票にまで持ち込まれます。アダムズは東海岸、ジャクソンは西部、クレイは南部を、それぞれ主な支持基盤としていました。決選投票では、各州が一票を持つという仕組みでの投票が行われましたが、この仕組みでは州の数が多い東海岸が有利です。結果的に、クレイが協力したこともあってアダムズが大統領に選ばれました。ジャクソンを推していた西部の人々にとっては、全くもって納得しがたいことでした。そこでジャクソン支持派は、民主党という新しい政党を作って対抗することにしました。現在まで続く民主党の起源で、彼らの志は早くも次の一八二八年大統領選挙で実現します。ジャクソンを当選させることができたのです。ジャクソンは南部カロライナの森林地帯で開拓民の子として生まれ、独立戦争と米英戦争という二度のイギリスとの戦争に従軍しました。とくに米英戦争では将軍として大活躍し、西部を中心に国民的な人気を博していた人物でした。

ジャクソンは、支持者たちの期待を裏切らない政治を展開します。その根底にあるのは平等志向でした。西部の開拓地、フロンティアでは誰もが似たような境遇であり、ネイティヴ・アメリカン（先住民、当時の言い方ではインディアン）や野生動物から開拓地を守るために協力する必要もありました。そのような空間には、当然ながら平等を重視する考え方が広がりやすいわけです。ジャクソンと彼に続く民主党政権の時代に、社会経済的平等や政治的平等が追求されていきますが、これを「ジャクソニアン・デモクラシー」と呼びます。フランスの貴族であるアレクシ・ド・トクヴィルがアメリカを旅して、ジャクソニアン・デモクラシーの平等志向を目の当たりにして書いたのが、『アメリカのデモクラシー』という政治思想史上の名著です（トクヴィル 二〇〇五〜〇八）。

政治的平等の重要な現れが、参加の拡大、すなわち有権者資格の拡大でした。一八三〇年代になると、アメリカではほとんどの州で白人男子普通選挙が行われるようになりました。とりわけ西部に新しく成立した州では、最初から白人男子普通選挙が採用されるのが通例でした（小原 二〇〇四）。人種と性別の双方について限定がかかっていますから、現在の基準では普通選挙とはいえませんが、当時は財産制限がないことが最も重要でしたので、これで普通選挙とみなされました。有権者資格の拡大によって、フロンティアに開拓に入ったばかりで全くの無一文ではあるけれど、裸一貫で身を立てていく人々が政治に参加するようになるわけです。そして、そのような人たちの代表が政治家になる傾向も生まれました。この時期に形成された、真の意味で「自分たちの代表」を送りたいという考え方は、その後もアメリカ政治における一つの重要な底流をつくり出していきます。今日のドナルド・トランプ大統領の登場にも、この考え方をみることもできるでしょう。

しかし皮肉なことに、ジャクソニアン・デモクラシーを通じた政治参加の拡大あるいは民主化は、政治を職業とするプロの政治家を生み出していくことにもなりました。名望家政党の時代には、自分自身も財産を持っており、支持者たちも財産を持っていますから、政治からお金を得る必要はありませんでした。ところが、政治参加が拡大して、その中で財産を持たない人たちが政治に大きな影響を持つようになると、様相は大きく変わります。有権者は政治から何らかの経済的利益を配分してもらうことを期待するようになります。あるいは逆に、政治家も自分の支持者たちから資金を集めて活動するには限界がありますので、政治活動そのものに議員報酬などの給与を払ってもらい、生活していくことになります。つまり、有権者と政治家が経済的利益を通じてつながるようになるのです。

アメリカの場合は、同じ政党名を名乗っていたとしても、政治家はどういう地域から自分は選ばれているか、自分の支持者たちが何を考えているかということを強く意識して、それにできるだけ忠実な活動を目指すようになります。政党全体としての主義主張ではなく、政党を構成する個々の政治家や、その支持者たちの主張や要求が重視されるのが、アメリカの政党政治の特徴となりました。それはヨーロッパの政党のあり方とはずいぶん異なっていました。これからあとしばらくのあいだ、一九世紀の半ばくらいから二〇世紀の後半に入るまで、政党をめぐる議論の中では、アメリカは例外的であって、普通の政党に対するさまざまな議論が適用できない国であると考えられていきます。

2　二〇世紀型政党政治の確立

近代政党・大衆政党

一九世紀は政党の時代でしたが、その前提をなしていたのは制限選挙であり、名望家による政治活動でした。それは二〇世紀に入るとどのように変化するのでしょうか。最大の変化は、普通選挙の時代が到来することです。普通選挙制度の導入は、フランスのように革命による政治体制の変化を機に行われる場合と、イギリスや日本のように有権者資格を次第に拡大していって実現する場合がありました。

イギリスの例を具体的に述べますと、一八三二年の第一次選挙法改正を皮切りに、有権者資格を規定する要件としての財産所有のハードルが下げられていきます。当初は土地を所有しているか、高額な賃料を払って土地や家屋を借りている人、つまり貴族か富裕層のみが選挙権を与えられたのですが、その後は賃料に関する水準が下げられていきます。一八八四年の第三次選挙法改正によって、年一〇ポンドの家賃を払っている人であれば、居住地が都市か農村かを問わず有権者とされました。年一〇ポンドという額は、一九世紀末だと労働者や農民の年収の五分の一から一〇分の一程度であったようで、この改正によって成人男子の七割程度が有権者資格を得たといわれています。その要件も撤廃されるのが、一九一八年の第四次選挙法改正です。このときに、三〇歳以上の女性にも有権者資格が与えられました。なお、日本では成人男子の普通選挙が実現するのは一九二八年ですから、イギリスに比べて極端に遅いわけではありません。

導入の仕方や時期はさまざまですが、普通選挙が実現するようになると、有権者と政治家の関係は大きく変わります。普通選挙制度の導入によって有権者資格を新たに得たのは、簡単にいってしまえば、資産を持っていない人たち、また政府が経済的な利益配分をしてくれることに期待する人たち、つまり政治を通して自分たちが得をすることがあってほしいと思う人たちでした。すでにアメリカでは一九世紀の前半にみられていた現象でしたが、これらの人々が政治家や政党に期待するのは、政府からの直接的かつ経済的な利益配分でした。ただ、彼らを単純に物欲しげな人々とみなすのは適切ではありません。このような人々は、国民国家の成立とともに徴税や徴兵の対象になってもいました。自分たちが国家に資金や労力を強制的に提供させられるのであれば、その代価としての政治参加と利益配分を求めるのは、当然のことという面がありました。

いずれにしても、彼らは従来の名望家たちとは大きく異なっていました。そのことは、政党のあり方にも影響を与えずにはいません。従来は、ごく少人数の資産を持った人たちが、社交クラブのような政党を作っていたわけです。運営資金なども自分たちで出し合って、もちろん政治で儲けようなどとは思っていないし、政治家というのは名誉職あるいは奉仕のようなものでした。ところが普通選挙の時代になると、政党に利益配分を期待する人たちがたくさん出てくるとともに、政党のあり方も組織化されます。つまり、党員という概念が明確化され、自らの期待する理念や政策を実現させるために政党という組織に加入して、少額ではありますが定期的な党費を支払う人々が現れます。組織としての政党が大きくなると、それを管理し、運営するプロとしての職員や、政策を実現させるためのプロの政党政治家が登場します。職員は政党から給与を得ており、政治家は議員として支払われる報酬(歳費)のうち、一部は所属している政党に上納しますが、別の一部は純粋に自分の生活費として使います。いずれも職業となるわけです。また、政党間の関係も変わります。もっぱら人間関係だけで出来上がっていた一八世紀のトーリーとホイッグなどとは違って、政治を通じてどういう利益を実現させるのかについて立場が異なる人は、別の政党をつくるようになります。

かくして、非常に多くの党員をかかえる政党は、全体としては多くの資金を得られるようになります。この資金を使って、政党が自前の建物を持ち、自前の事務職員を持ち、場合によっては選挙に出る人、落選してしまった人たちに対して経済的支援をするわけです。こういう組織を持つ政党のことを、政治学では「近代政党」とか「大衆政党」と呼びます。「近代大衆政党」とか「近代組織政党」といった用語も、ほぼ同じ意味です。なお、近代(組織)政党というのはヴェーバーが、大衆政党というのはデュヴェルジェが、それぞれ提示した概念です(待鳥 二〇一五a)。

最近ではそれほどみかけなくなりましたが、戦後日本の政治報道でしばしばみられた表現に、「政党を近代化する」というものがあります。「自民党は派閥をなくして近代化を目指す」などが典型的な用法です。それが何を意味しているのかというと、派閥の幹部が資金調達と発言権において中心的である名望家政党的なあり方を改めて近代政党になること、すなわち一般の社会に根をおろし、非常に多くの党員を確保し、それぞれ党員が少額の党費を納めて、それがたくさん集積することで組織としての政党が成り立っている、このようなあり方を目指すということなのです。名望家政党にルーツを持つ保守系政党は、しばしば組織の近代化が後手に回りましたので、このようなことが唱えられたわけです（中北 二〇一四、笹部 二〇一七）。

対立構図の「凍結」

普通選挙が当時の主要国、すなわちヨーロッパ諸国とアメリカに定着した時期、つまりおおむね一九二〇年頃に、経済的な利益配分のあり方を主な争点として、資本家（経営者・使用者）の政党と労働者の政党が、各国の主要政党となります。資本家の政党は保守政党あるいは自由主義政党と呼ばれ、労働者の政党は革新政党とか社会民主主義政党と呼ばれますが、この対立の構図が成立し、長期にわたって維持されることになります。

それまでの政党間対立の構図には、貴族対自由主義者、あるいはプロテスタント対カトリックなどがあり、国によっても違いがありました。しかし、右派の自由主義政党と左派の社会民主主義政党の対立と競争の構図がこの時期に成立すると、その後は二〇世紀を通して変わらなくなり、かつどの国であっても類似したものとなりました。ただし、一九世紀後半に成立していた宗教政党に起源を持つキリスト教民主主義は、二〇世紀に入っても大陸ヨーロッパ各国で大きな勢力を保ち、第二次世界大戦後にはドイツやイタリアにおいて最も大きな政党をつくり出しました。キリスト教民主主義は、経済的対立軸に争点が吸収されたという理解の下では自由主義や保守主義陣営に含められることが多いのですが、独自の理念と政治的立場を持つ存在であり続けたという見解もあります（水島 二〇〇二）。

政党間対立が経済的利益配分をめぐって形成され、右派と左派の競争が安定して続く状態のことを、比較政治学者のセイモア・マーティン・リプセットとシュタイン・ロッカンは、政党システムの「凍結」と呼びました（Lipset and Rokkan 1967）。政党システムとは、基本的に政党の数と勢力関係を指しますが、この場合にはもう少し広く、政党間競争のあり方と対立軸を含んだ意味合いで使われています。その際、主要な政党の数そのものは、選挙制度や歴史的事情などを反映して、二つであったり、三つ以上であったりしました。二つの場合には二大政党制、三つ以上の場合には多党制と呼ばれ、多党制の下で左右に政党ブロックが形成されるという姿をとりました。いずれにしても、政党間の対立と競争の構図が「凍結」といわれるほどに安定したということは、それだけ各政党の理念や政策が安定したことを反映しており、さらには各政党の支持基盤が堅固に形成されていたことも意味していました。この「凍結」論は、二〇世紀後半の政党をめぐる研究において、広く受け入れられました。

ただし、右派政党と左派政党とのあいだの対立と競争の構図が成立しても、政党政治はまだ全面的に安定したとまではいい切れません。「凍結」が起こっていたという議論は一九六〇年代に提示されたものですが、やや後知恵的な面がないわけではないのです。一九三〇年代に入ると、主要国であるドイツや日本にファシズム、全体主義が台頭し、いったん政党のあり方そのものを否定する、つまり政党間の競争自体が否定されるようになります。戦前日本の場合、左派を抑圧していたために政党間競争は保守系の二大政党間に存在しましたが、三〇年代に入ると政党政治そのものを否定する動きが強まります。最終的には、第二次世界大戦直前にすべての政党が解党して、大政翼賛会に合流してしまいます。大政翼賛会というのは結局、個別利益の代表者に過ぎない政党が国家の権力や資源を用いることを否定し、全体的な利益を代弁できる、あるいは唯一追求することができる存在だと称して形成されたわけです。

政党政治の黄金期

第二次世界大戦が終わると、政党政治はいよいよ安定の時代を迎えます。戦争で手ひどい被害や破壊を蒙った西ヨーロッパ諸国や日本は、戦後復興から高度経済成長の時代に入ります。高度経済成長は、日本の近代史の中では大きな経験で、一九四五年や一九五〇年の日本と、一九七〇年や一九七五年、あるいは一九八〇年の日本というのは、いろいろな意味で全然違います。最近だと、インターネットの動画サイトなどに、一九五〇年代や六〇年代の記録映画がたくさん出ています。こうした映像を見れば、日本がいかに変化したかを追体験できると思います。人口は戦後直後でも一億人弱ですが、この人口規模の国が比較的短期間に経験する変化としては、きわめて甚大なものでした。

ただし、高度経済成長を経験したのは日本だけではありません。第二次世界大戦後には、自由主義諸国は、どこも相当の経済成長を経験しています。日本の場合、ＧＤＰは確かに他国よりも速いペースで伸びているとは思いますが、それは元々ベースになっている戦前や第二次世界大戦直後の経済規模が小さかったこと、また戦災によって経済活動の基盤が大きく損なわれたことが影響しているのです。ヨーロッパ諸国の場合には、元々の経済規模が日本より大きく、戦災の影響が比較的小さかった国もあるので、成長率としてみた場合には目立たないというに過ぎません。マクロな成長率はそれほどでなくとも、ミクロ、すなわち個人の生活水準や所得水準という点では、各国とも伸びて豊かになっていったのです。同じことはアメリカやカナダなど、戦災をほとんど受けなかった国の場合には、いっそう当てはまります。

第二次世界大戦が終わった時点で、世界の総生産に占めるアメリカの割合は五〇パーセント程度だったと考えられています(猪木 二〇〇九)。各国の経済復興と成長によって、この状態が急速に変わっていきます。まず西ヨーロッパ諸国が最初に経済復興を果たして、アメリカの競争相手になりました。次に日本がチャレンジャーとして登場し、さらには一九八〇年代以降になると、韓国など東アジアの国々も存在感を強めます。その後、さらにブラジルやインド、中国と、経済成長している国は変わっていくわけですが、一九七〇年代くらいまではアメリカと西ヨーロッパ、日本、カナダなどからなる自由主義圏が世界経済の牽引役であり、かつ国民に豊かさを確保できた数少ない国でした。これらの国々では、経済成長によって社会経済的なパイが増え、税収も上がります。そうした状況のもとで、増えたパイをどのように分配するのかが、政治すなわち政党間対立の争点になります。

自由主義圏の各国政治においては、右派と呼ばれる保守政党あるいは自由主義政党と、左派とまとめられる社会民主主義政党(国によっては革新政党とかリベラルとか呼ばれます)が競争しており、前者は経済成長や工業発展のベースである生産者の側にたくさん分配したほうがいい、開発のための投資を優先すべきだと主張し、後者は反対に、もっと一般労働者や社会経済的弱者に分配（再分配）したほうがいいと主張します。これが戦後、おおむね一九七〇年代くらいまでの基本構図で、しばしば左右対立と称されました。

パイの分配の問題というのは、もともと比較的もめにくい性質を持ちます。しかも、この時期にはパイの総量が増えていることは分かっているので、一〇増えたときに三対七で分配するのか、そうではなく七対三で分配するのか、という違いが政党間の差異でした。このような場合には妥協の余地が大きく、対立はありながらも、全体として政党政治はうまく回ります。ときどき政権交代が起こって三対七といっていた勢力から七対三を唱える政党に権力の担い手が変わる、それによって誰もがおおむね満足する、こうした政党政治のあり方がこの時代にはみられました。私たちが政権交代とか政党間の競争などの言葉で今日思い浮かべる政治のあり方は、ほぼこの時期のイメージです。

3　政党政治と代議制民主主義の隘路

経済成長の果てに

第二次世界大戦後の先進諸国は、経済成長と政治的安定が結びつきながら、政党政治の黄金時代を迎えました。自由主義政党と社会民主主義政党が、経済成長の果実をいかに分配するかについて異なった主張を打ち出し、政権交代を伴った競争を続けたのです。しかし、自由主義政党といっても市場経済が問題をすべて解決するという立場ではなく、社会経済的課題への政府介入をある程度までは認めていましたし、社会民主主義政党は資本主義と市場経済を基本原則としては否定していませんでした。つまり、政治と社会経済との関係について主要アクター間に基本的な合意が成立していたわけです。このような合意に注目して、この時代を「戦後和解体制」と呼ぶ論者もいます（新川／井戸／宮本／眞柄 二〇〇四）。戦後和解体制の下で、年金や医療保険といった社会保障制度が確立していきます。福祉国家の成立です。福祉国家は政府、とりわけ行政部門の肥大化と社会経済の活力減退を招くとして後年には批判されますが、少なくとも当初は必要性とメリットが大きいと考えられていたのです。

ところが、この時代は意外に長く続きませんでした。おおむね一九六〇年代の末から七〇年代の初頭になると、先進国の経済成長は鈍化し始めます。それは一方において、経済の大幅な成長がそんなに長く続けられるわけがないという、ごく当たり前のことだともいえます。他方、より大きな要因としては、アメリカ経済の国際競争力が低下し、世界で最も自由で開放的な市場の購買力がかつてほどではなくなってしまったことや、天然資源の価格が上がって先進国の生産コストと物価が需要以外の要因で上昇するようになったことが指摘できます。

天然資源価格上昇の最も決定的な例が、一九七三年に起こった石油危機です。それまで、中東をはじめとする世界の主要な油田は、アメリカや西ヨーロッパに本社のある国際石油会社（メジャー）が採掘権を持ち、安価な原油を世界に供給していました。この採掘権を、油田が所在する国々の政府がメジャーから回収しようとし、あわせて生産制限などによって原油価格の引き上げを図りました。原油価格はそれまでの一バレル当たり二ドルとか三ドルといった水準から、一気に一〇ドル程度にまで上昇します。中東諸国がこのような行動に出た要因としては、アラブ・イスラエル対立において先進諸国がイスラエル寄りの立場をとってきたこと、それに触発されるようにアラブ民族主義が強まったことが指摘できます。いずれにしても、原油価格が一気に五倍になるという急激な上昇は、先進国経済にとって極めて強い逆風として作用し、戦後の経済成長にとどめを刺されることになりました。石油は重化学工業の根本となる資源で、先進国の経済成長の鍵を握っていたからです。経済成長が終わることは、その果実あるいはパイの分配が政治の中心的課題であった時代の終わりでもありました。

政党と有権者の乖離

先進各国は、経済の変調だけではなく、社会の大きな変化も経験していました。第二次世界大戦後、各国では兵役に就いていた人々の大量復員がなされたわけですが、平和の到来とともに母国と家庭に戻った人々は、家族を増やしました。一九四〇年代の後半は、多くの国が急激な出生数の増大を経験しました。いわゆるベビーブームであり、この時期に生まれた人々をベビーブーマーあるいはベビーブーム世代と呼びます。日本では作家の堺屋太一が名づけた「団塊の世代」という言葉の方がよく知られているかもしれません。ベビーブーマーは戦争を知らない世代であり、かつ同世代の人数が多い世代でもあります。

これらの人々は、戦後の経済成長の時代に大人になっていきます。一九四七年に生まれた人は、五〇年代前半に小学校に入学し、六〇年代半ばに高校を卒業します。大学進学率は国によって違いが大きいのですが、日本の場合には一九六五年に男女平均で一二・八%となり、この世代は小学校入学時の一クラス五〇人のうち六人か七人が進学する計算です。一〇年前である一九五五年だと七・九%で三人とか四人ですから、大学はまだまだ多くの人にとって縁遠いとはいえ、少しずつ身近になりつつあったわけです。また、大学や高校には進学しなかったとしても、生産現場や小売店で働くことによって、勤勉であれば社会の中堅層になることは十分に可能でした。教育以外にも、自分の身のまわりがどんどん豊かになっていく実感を強く持った世代だといえるでしょう。今風にいえば、右肩上がりで明るい時代だったわけです。

しかし、その豊かさは親の世代がつくり出したものであって、生活の前提という位置づけになります。つまり、豊かであることのありがたさを感じないわけではないけれど、自分自身が大人になって生活設計をする段階では、豊かであるのは当然のこと、所与のものになります。そうなってくると、主要政党が行ってきた、自分たちを支持してくれれば豊かになります、豊かになれます、あなたたちへの分配が増えますというアピールも、効果が弱まってきます。もちろん、ベビーブーマーは人数が多くて、たとえば教育環境が十分ではないという問題が生じていました。さらには、経済成長に伴って環境破壊が起きる、人口の急激な移動によって農村部が衰退し始める、といったマクロな課題もありました。

そうなると、経済成長と果実の分配以外の事柄、たとえば環境を保護してほしいとか、心の豊かさを与えてほしいとか、あるいは地方分権を進めてほしいとか、新しい課題への取り組みを求める人々が多くなります。これらを総称して「新しい争点」と表現する場合もありますが、新しい争点が政治の中心的課題として登場してくると、主要政党はなかなかそれに応えられない傾向を示しました（Kitschelt 1994）。以前のようには経済成長を期待できないうえ、それまで分配をめぐっての競争を第一としてきた主要な政党にとっては、新しい争点が出てきたときに、それに順応し対処するのが極めて困難だったのです。たとえば、漁村地帯に重化学工業のコンビナートを誘致することを考えてみましょう。工場立地は地元経済を潤しますから、社会民主主義政党であったとしても、従来なら基本的には賛成の立場をとってきました。しかし、環境保護を求める勢力が台頭すると、問題は複雑化します。公害や水質汚濁によって被害を蒙る人々は社会的弱者ですから、左派としては無視しづらいのですが、経済が成長できなければ再分配の原資も確保できないからです。

根本には組織としての政党のあり方の問題も存在しました。戦後の主要政党、とりわけ社会民主主義政党にはたくさんの党員がおり、個別には少額だが合算すれば巨額の党費が集まってきて、それを使って活動を続けながら、経済成長のパイの分配に関与することで維持基盤を涵養してきました。新しい争点への対応は、先ほどの例でいえば、党費を納めてくれる工場労働者（労働組合員）の利益を一部切り捨ててでも、環境保護を求める人たちを重視することになりますから、かなりギャンブル的な要素を伴う選択です。環境保護を求める人々、工場立地で被害を受ける漁業者たち、こういった人々が工場労働者ほど忠実な支持者になってくれる保障はありません。だとすれば、新しい争点への対応は組織を弱めかねない選択なので、確立された既成政党ほど躊躇せざるを得ないわけです。

しかし、既成政党のそのような消極的対応は、新しい争点を重視する有権者には極めて不満の残ることでしょう。すると、既成政党に飽き足らなくなった人たちが新しい政党をつくることになります。一九七〇年代の後半や八〇年代あたりから、ドイツなど大陸ヨーロッパ諸国に緑の党が登場したように、環境保護を訴える新党が出てきたり、あるいはフランスの国民戦線のように、文化的な価値観の問題として移民排斥を訴える極右政党が生まれてきます。その対極には、政党そのものがダメだという議論も出てきます。つまり、いかなる政策を訴えているにせよ、もう政党を支持しないという立場です。政党の存在意義を完全に否定する人は多くありませんが、すべての政党に懐疑的な目を向け、特定の政党を支持することはせず、選挙ごとにどの政党に投票するかを変えるという、無党派層が増えてきます。このような人々は、もちろん党員にはなりません。党員数の減少は、今日では世界中の主要政党が直面する深刻な悩みであり、無党派層をどうすくい上げるのかについても、これといった「正解」があるわけでもありません。

利益政治の限界

一九七〇年代の半ばに経済成長と戦後和解体制の時代が終わり、新しい争点が重視されるようになるとともに、有権者の既成政党離れが進みます。さらに冷戦が終わった一九九〇年代以降になると、先進国の多くは、いわゆるグローバル化の波によって、いままで経済成長していなかった国々との競争関係に入っていきます。

グローバル化は、先進諸国にとって悪いことばかりではありません。工場の開発途上国への移転などによって生産コストが下がれば、安価で良質な品物を入手できる可能性が高まります。インターネットなどの情報通信技術の発達で世界中にオンライン注文できる時代になると、生活はいっそう便利になります。先進国に本社を置く企業の収益も改善するわけですから、経済成長を促し、税収の伸びにつながることも期待できるのです。

その一方で、負の側面があることも否定できません。生産拠点の移転は、技術革新による省力化と相まって、国内における雇用喪失に伴う失業率の上昇や、不安定雇用の増大につながります。とりわけ、これまで社会の中間層を形成していた、学歴などはないが勤勉な労働者層への影響は大きいと考えられます。農作物や水産資源も国際取引の対象になれば、日本のように生産コストが高く価格競争力のない国では同じ問題が出てきます。企業にとっては、グローバル競争の中でのコスト削減は死活的重要性がありますので、大きなコストである税負担を軽減しようと求める動きが生じます。

このような局面に、それまで比較的閉じられた一国という単位を前提にして、その内部での分配問題を扱うことに長けていた政党は、さらに難しい対応を迫られます。当初目立ったのは、グローバル化を経済的果実の増大とみなす考え方でした。グローバル化や技術革新を積極的に受け入れるとともに、市場を重視して政府の再分配機能が低下することを問題視しない立場を新自由主義と呼びますが、この立場は一九八〇年代に一世を風靡します。その後、グローバル化などによる経済成長の果実を活かして、市場経済との整合性を保ちつつ再分配を志向する考え方が、一九九〇年代には社会民主主義政党によって唱えられました。トニー・ブレア政権時代のイギリス労働党が提唱した「第三の道」政策はその代表例ですが、アメリカ民主党がビル・クリントン政権の下で追求した「ニューエコノミー」にも、似た発想がみられます。近年では、フランスのエマニュエル・マクロン大統領が二〇一六年に結成した新党・共和国前進にも、基本的な発想には共通する面があります。

しかし、グローバル化の負の側面が目立ち始めるとともに、このような考え方は隘路にさしかかっています。とくに二〇〇八年のリーマン・ショック以降、世界的な景気回復の足取りが重い中、反グローバル化を唱える勢力が強まっています。二〇一六年には、イギリス独立党などの反EU政党に引っぱられるように、保守党政権がEU残留の当否について国民投票を行い、離脱が過半数になるという事態が起こりました。同年のアメリカ大統領選挙でも、アメリカ第一主義という名の反グローバル化を掲げるドナルド・トランプが旋風を巻き起こし、共和党の候補者指名を勝ち取るだけではなく、ついには当選しました。フランスの国民戦線、ドイツのAfD（ドイツのための選択肢）といった、反EU、反移民主義を掲げる極右ポピュリスト政党も、大陸ヨーロッパ諸国で勢力を拡大する傾向にあります（遠藤 二〇一六、細谷 二〇一六）。

背景にあるのは、グローバル化に対応するために必要とされる社会経済構造の変革が、個々人にとって負荷の大きな要求であることでしょう。産業構造の変革、企業や大学の組織変革、働き方の変革などは、いずれも従来その存在が正当であると長らく考えられてきた物事について、価値がなくなった、あるいは十分な付加価値を生み出せなくなったから改めることを求めます。真面目に働いてきたのに、急にいままで通りではダメだからやり方を変えろといわれるわけです。やり方を変えろといわれても、若者はともかくとして、中高年になれば新しいスキルや考え方を簡単に身につけられるわけではありませんし、転職なども困難です。仮にそれができたとしても、雇用条件は改善されるとは限りません。しかも、先進諸国はおしなべて少子高齢化していますから、社会保障などを維持するための負担は増える一方です。このような状況では、負の分配問題、すなわち誰かの取り分を減らして他の誰かに回すという問題が生じます。

多くの人たちは自分の取り分は減らしてほしくない、減らされたら生活が維持できないと思うので、誰か他の人の分を減らそうという話になります。その際に、取り分が減ってしまうことや負担が増えてしまうのは、今までの自国社会を構成してきた人々の外側にいる人々のせいだ、という主張が横行することになります。あるいは、外側にいる人々が自分たちと同じ社会経済的な恩恵を受けるのはおかしい、という主張が出てくることもあります。外側とは、合法的に国内に来た移民であったり、国外の諸外国であったり、あるいはＥＵのような超国家機関であったりしますが、反グローバル化勢力の論理はしばしば似通っています。このような状況に対しても、既成政党は十分に対抗できていません。結果的に、既成政党は有権者にとっての魅力をさらに失うことになります。反グローバル化を主張する勢力が、ほんとうに一般有権者に利益や満足を与えられるかどうかは疑問で、短期的には支持を集められても、結局は政党政治全体を傷つける恐れは強いのです。

こうして政党と一般有権者、また一般有権者が構成している社会との関係が切り離されていることが、今日の政党政治をめぐる最も大きな課題となっています。一九世紀の名望家政党は社会とは全く切り離されていたのですが、もちろん今日の政党が名望家政党に戻れるわけではなく、戻るのが望ましいわけでもありません。なぜなら、現在求められているのは有権者と政党とのつながりの回復であって、かつての制限選挙の時代に戻ることではないからです。問題は、有権者と選挙のときにはつながるけれども、選挙以外のときにはつながっていないという政党のあり方なのです。政党は名望家の集まりから出発しながらも、一九世紀の議会の時代、二〇世紀に政治参加の拡大した時代に、民主主義的な正統性を高めることで社会の中に根づいてきました。代議制民主主義の下では、社会に存在する利益を集約し、表出するところに、政党の存在意義があります。ところが今日の政党は、そうやって形成してきた社会とのつながりを弱めてしまっているわけです。

ここまで、政党の起源と発展について考えてきました。次の章では、政党について政治学ではどのように理解しているか、理論的な話を少しだけしておきたいと思います。

第3章　政党政治を理解するための視点

1　政党政治の形成要因

いくつかの基本的視点

前章までに、政党の価値的な存在意義や、実際の政党政治の歴史的な展開について述べてきました。価値的にいえば、政党は社会の一部しか代表していない存在ですが、そうであるがゆえに複数の政党が存在し、相互に競争したり抑制したりすることで、全体として公益を増進する存在であると考えられます。歴史的にも、当初は名望家の社交クラブ的な組織として出発した政党は、代議制民主主義の確立過程と並行して、社会に暮らす人々や集団の利害関心を集約し、表出する媒介者としての立場を確立していきます。しかし、近年に至って社会と政党の結びつきは弱まっており、そこに現代の政党政治の最大の課題が生じています。

政党政治、すなわち複数の政党が存在し、一方において政党が相互に政治権力の獲得を目指して競争しており、他方においては個々の政党内部には組織としての特徴が存在する状態について理論的に考えようとするとき、どのような視点から把握すべきなのでしょうか。政治学の政党研究は、第二次世界大戦後に飛躍的に発展し、政党政治を理解するための視点をいくつも提示しています。その展開と現状については、政治学を専門的に勉強したいという方以外には、それほど興味があるテーマではないかもしれませんので、本書ではごく簡単な概観に止めます（もしも詳細に関心をお持ちならば、待鳥〔二〇一五a〕において理論的な検討を行っていますので、ご参照いただければ幸いです）。

政治学が政党政治を考えるための基本的な視点は、いくつかに分けられます。

一つは、政党政治のあり方を規定する要因として、イデオロギー（体系的世界観）や社会経済のあり方の影響を重視するか、あるいは個々の政治家や有権者の行動を重視するか、という視点です。前者は政党研究における「マクロ・アプローチ」あるいは「マクロ的説明」と呼ばれ、後者は「ミクロ・アプローチ」あるいは「ミクロ的説明」と呼ばれます。マクロとミクロという分け方は、経済学から入ってきたもので、全体を説明するのがマクロであり、個別を説明するのがミクロというのが、元来の区分です。しかし現在では、マクロ的な説明であっても「ミクロ的基礎づけ」すなわち個々の行動主体（アクター）の行動から考えねばならない、という発想が強くなっています。

もう一つは、すでに何度か言及していることなのですが、政党政治を「政党の数や相互間の関係」

表３－１　政党政治への基本的視点

	マクロ的説明	ミクロ的説明
政党システム論	イデオロギーや社会経済的要因から、政党の数や相互関係を説明する	個々の政治アクターの誘因から、政党の数や相互関係を説明する
政党組織論	イデオロギーや社会経済的要因から、一つの政党の内部組織を説明する	個々の政治アクターの誘因から、一つの政党の内部組織を説明する

（出典）筆者作成。

と「一つの政党の内部組織」に分けるという視点です。前者は「政党システム論」、後者は「政党組織論」と呼ばれます。いずれについても厳密な定義は論者によって異なりますし、後ほどもう少し詳細に説明しますが、ここではとりあえず、政党システム論とは政党の数や相互関係を考えるものであり、政党組織論とは一つの政党の内部組織を考えるものだと理解しておいてください。政党システム論と政党組織論の双方にマクロ的説明とミクロ的説明が可能ですので、全体として大きく四つの視点がありうるということになります（表３－１参照）。

社会経済との結びつき

まず、政党政治を考えるときにイデオロギーや社会経済的要因を重視する、マクロ的な説明から述べることにしましょう。イデオロギーは分かりにくい概念ですが、ある立場をとると政治を含め世界に起こっていることの大部分について理解できるようになる、そして他の説明や理解が間違っていると思うようになる「ものの見方」、すなわち体系的あるいは包括的な世界観であると定義しておきましょう。イデオロギーから政党政治を説明する場合には、あるイデオロギーと他のイデオロギーの間の対立、あるいはあるイデオロギーを信奉する人々としない人々の対立として、政党政治が理解されます。代表的なイデオロギーは共産主義です。共産主義の立場をとると、世界に生じている現象は階級間の経済的関係がすべての根本にあって、そこから派生して起きていることだという理解になります。政治における対立や競争もそうであって、財産や生産手段を持っている富裕層と、持っていない非富裕層の間の対立こそが根本だと考えるわけです。体系的な世界観を与えるのであれば、どれもイデオロギーになりえます。

社会経済のあり方と政党政治の関係は、もちろんそれ以外にも存在します。相互に相容れないという意味ではイデオロギーに近いものの、すべての物事を説明する見方ではないものとして、クリーヴィジと呼ばれる概念があります。クリーヴィジとは溝とか亀裂といった意味で、ある社会の中に人種や宗教、言語にもとづくクリーヴィジが存在しているか、存在しているとすればそれがどの程度深刻かによって、政党政治のあり方が変わると考えます。たとえば、一つの社会に複数の宗教や宗派が存在する場合を想定してみましょう。とくに問題なく共存することも少なくありませんが、宗教改革から一九世紀までの大陸ヨーロッパ諸国におけるカトリックとプロテスタント、あるいは二〇世紀末の旧ユーゴスラヴィアにおけるキリスト教とイスラム教など、お互いに激しく対立する事例も数多くみられます。このように対立的な関係にある場合、宗教や宗派によって異なる政党が形成され、宗教をめぐる政策が重要な政治課題となります。そして、宗教的少数派が十分に議会に代表されない場合には、民主主義体制の正統性が揺らぎ、内戦に陥ることすらあります。

クリーヴィジから政党政治、とくに政党システムを説明する見解は、前章でもふれたリプセットとロッカンが提示したものです（Lipset and Rokkan 1967）。彼らは、近代ヨーロッパの政治には宗教改革、国民国家の形成、産業革命、そしてロシア革命と、四回の決定的な分岐点があり、そのたびごとに政党システムを規定するクリーヴィジが変化してきた、と論じました。実際のところは、宗教改革や国民国家の形成期には政党が明確に形成されていた国は少なく、政党システムというよりも主要な政治勢力相互間の関係、といった方が適切でしょう。また、言語や民族にもとづくクリーヴィジは消滅することがありませんので、それにだけ注目すると、一国内の変化を時系列的に沿って説明することができるかどうかも疑問ではあります。しかし、クリーヴィジという概念が政党政治にとって重要であることを明らかにした点で、彼らの研究には大きな意義がありました。

イデオロギーやクリーヴィジにもとづく対立がそれほど深刻でない場合には、政党政治のあり方はもっぱら利益配分をめぐって生じます。また、政党組織のあり方も、そのような対立に適合的なものとなっていきます。前章でふれた第二次世界大戦後の政党政治の黄金時代は、まさにそれに当てはまる事例でした。主要な政党間には自由主義、資本主義の維持に関して合意が存在しており、宗教や言語といった文化的要因により形成されるクリーヴィジは深刻でないか、あるいは議会に少数派が勢力を得やすくするなど適切な代表の回路を与えることで緩和されていました。そのような前提があり、かつ経済成長が続いていたために、成長の果実をいかに分配するか、とくに非富裕層への再分配にどれだけ重きを置くかが、政党間対立の基本的な争点となっていたわけです。政党の内部組織も、一般の党員にとって利益配分と日常活動の関係が明瞭であり、党費を納めて選挙運動を手伝うといった活動を行っていれば、経済的パイの分配に与れるという構図が成り立っていました。

社会経済的要因やイデオロギーから政党政治を理解するという視点は、最もオーソドックスなものだといえるでしょう。こうした要因から政党政治を説明することは今日困難になりつつあるのですが、私たちの政党政治に関する原イメージ、基本イメージは、依然としてこのような理解から形成されています。だからこそ、今日の政党には対立軸がないといった議論や批判がなされるわけです。

政治家や党員の合理的行動

次に、ミクロ的な説明についてふれておきましょう。ミクロ的な説明は、政党政治を個々の政治主体あるいはアクターの行動の帰結として理解します。こういう考え方を方法論的個人主義ということもあります。ここでいう方法論とは物事の考え方くらいの意味で、個人主義とはアクターがどういう行動をとるかに注目することを指しています。その際の基本的な想定としては、個々のアクターは、自分の与えられた状況や、自分が生きている社会にさまざまに存在している仕組みとかルールに対して、いちばん合理的な行動をとるであろうということです。合理的とは、アクターの目標実現に無駄のないことを意味しています。政党政治の場合にも、政党システムや政党組織が、政治家や有権者などの個々のアクターにとって合理的なものとして形成され、存在していると考えます。

典型的な例として挙げられるのが、選挙における有力な候補者数です。政治学では、選挙区を設置し、定数を決めて行う選挙、つまり当選者が一人の小選挙区制とか二人から七人程度の中選挙区制のような選挙の場合、定数（その選挙区での当選者数）よりも一人多い有力候補者が出る傾向が存在することが知られています。なぜそうなるのでしょうか。選挙で落選してしまう候補に投じる票を「死票」といいますが、定数の少ない選挙だと、死票が多く出ます。定数が一だとすると、三番手や四番手の候補者はまず当選の可能性がなく、これらの候補が得た票はすべて死票になってしまうのです。定数が少なく死票が多い選挙の場合、それなりに支持されている政党や候補者であっても当選が著しく困難になり、それを認識していると、立候補しようとする意欲や投票したいという気持ちがそがれてしまって、結果的に定数よりも一人多い程度に有力な候補者が落ち着く、というわけです。なお、当然の前提として、有権者は自らの立場に近い候補者を当選させること、候補者は当選することを基本的な目標にすると考えています。

この説明の原型は、前章でも名前の出た、モリス・デュヴェルジェというフランスの憲法学者・政治学者によって与えられました（Duverge 1964）。彼は死票の多い少ないを「機械的効果」と呼び、それによって立候補する意欲や投票する意欲が変化してしまうことを「心理的効果」と呼んだのですが、それこそが個々の政治家や有権者の合理的行動の現れだと考えることができます。デュヴェルジェの議論は当初、定数一の小選挙区制についてのみ想定されていましたが、その後ほぼどの定数であっても当てはまることが分かっています。また、例外も多く、理論的な解明もまだ十分にはできていませんが、選挙区単位での有力候補者数に関する考え方は、全国レヴェルでの政党数にも経験的に援用可能であると理解されています。定数一の小選挙区制は二大政党制につながりやすい、という議論は、ここから来ているのです。

しかし、アクターが合理的に行動するというのは、実はかなり強い想定です。実際の政治には、それに見合わない行動が生じる場合もあります。たとえば、日本では二〇〇九年から二〇一二年まで民主党が政権に就いていました。民主党政権の三年半は混乱のイメージが強いのですが、その最たるものとして、有力者であった小沢一郎と、小沢に私淑していた若手議員たちが、民主党を割って離党するという出来事がありました。この行動、つまり大きな政権与党から出て、数十人しか所属議員がいない小政党をつくる行動は、ミクロ・アプローチで考えている政治家の合理的な行動としては十分に説明がつかない部分があります。なぜなら、小選挙区中心の現在の衆議院の選挙制度の下では大政党が圧倒的に有利で、そこから分かれて小政党をつくってもほぼ確実に議席が減ります。個々の政治家にとっては、小政党に所属すると当選の可能性が大幅に低下するのです。実際、小沢自身は次の総選挙で通ったけれども、彼と行動を共にした若手議員の大多数は落選しました。ミクロ的説明では、これは明らかに不合理な行動というほかなく、十分に理解ができません。

その意味で、ミクロ・アプローチは万能ではないのです。むしろ、ミクロ的な説明に見合わない現象は、世界中にたくさんあるといってよいでしょう。万能ではないけれども、そういう説明をしておくほうが、より単純な前提や少数の条件から多くの現象が理解可能になるという点で優れているのです。言い換えると、政党政治を含めたさまざまな政治現象のように、国ごと、時代ごとの違いが大きく、それぞれ個別的にしか説明できないと思われている事柄を、どのように一般化できるか、という政治学の基本的な課題に対して、個々のアクターの合理的な行動という視点は、有効性の高いツールになるのです。

また事実問題としても、近年のように各政党が社会経済的要因に立脚した安定的な支持基盤を確保できなくなってしまうと、政党のあり方が政治家とか活動家といわれるような人々の行動によって影響されることが多くなっています。そのために、政党を党員とか政治家が何らかの目的を持って維持している組織、彼らにとってミクロ的に意味のある組織だとみなす理解が、説得力を強めている面があります。政党が数十年とか百年というタイムスパンでどう変わってきたのかを説明する場合には、イデオロギーや社会経済のあり方といったマクロ要因から説明するほうが理解しやすいのだろうと思われます。しかし、短期的な政党政治のあり方については、ミクロ的な説明が実態にもよく適合しているのです。

政党システムと政党組織の区別

政党政治に関するもう一つの区別である、政党システムと政党組織についても、ここで少しだけ詳しく述べておくことにしましょう。政党は、現代政治において依然として不可欠の存在であり、政治学にとっても重要な対象でありながら、その全体像を把握するのは容易ではありません。そこで、政党について考えたり、研究したりするときには、政党をいくつかの側面に分けて考えます。政党システムと政党組織の区別は、その一つの方法なのです。

政党システムとは、最も簡潔にいってしまえば、政党相互間の関係です。具体的には、政党の数、政党間の勢力関係、イデオロギー的な距離などが含まれます。私たちはしばしば、二大政党制とか多党制といった言葉を聞く機会があるのではないかと思います。それらはいずれも政党システムの類型です。政党システムの類型区分には、いろいろな考え方があります。最も著名なのは、イタリア出身の政治学者ジョヴァンニ・サルトーリが提唱した七類型で、一党制・ヘゲモニー政党制・一党優位制・二党制・限定的多党制・極端な多党制・原子化した多党制という分け方をしています。多党制とは三つ以上の政党が議会に勢力を確保している政党システムですが、サルトーリはさらに、政党間の協力可能性などに注目することで細分化を図ったのです（サルトーリ 一九九二）。

しかし、イデオロギー的な距離や協力の可能性を考慮すると、類型区分が細かくなりすぎる上に、なぜそのような政党システムが形成されたのかについての説明が個別的になりすぎるという弱点を抱えます。私自身は、サルトーリの議論は基本的に分類論であって、理由づけや因果関係についての説明を伴ってはいないと考えています。そのため、彼の七類型には依拠していません。政党システムを論じる際には、イデオロギー的な距離や協力の可能性についての考慮を行わず、政党の数と勢力関係のみを扱うべきであるという立場です。このような見解は、先にも名前が挙がったデュヴェルジェによって示されていたもので、民主主義体制下における政党システムの区分は、二党制（二大政党制）と多党制のみで十分だと考えます。一般化できる理由づけとともに行える区分は、この二つの間にしかないということです。

政党組織とは、政党内部組織ということもありますが、一つの政党が内部に持っている組織の構造を指します。どの国でも主要な政党は、総裁とか代表とか呼ばれる党首をトップリーダーにして、その下に大規模な組織を持っています。それがどのような理由で、いかなる特徴を示しながら動いているのかを考えるのが、政党組織論の基本的な関心事です。組織として政党をみる場合には、企業や官庁のような他の組織と同じく、人事や予算なども重要な要素となります。ただ、政党組織論の場合には、党首や幹部の意向がトップダウンで貫徹しやすいのか、あるいは一般党員やキャリアの浅い議員たちの意向がボトムアップで通りやすいのか、といった意思決定方式に、より強い関心を寄せます。

意思決定方式は内部的な事柄です。だからといって、政党組織のあり方が、その政党のみに関わるわけではありません。具体例を挙げてみましょう。二〇一六年秋、自民党は党首である総裁の任期を三期九年まで延ばすことを決めました。この決定は、自民党という政党の内部の役職である総裁の任期について、自民党が内部で行った判断です。しかし、この件は自民党のみに関係しているわけではなく、そうした話題が出てくること自体、首相としての在任期間をどうするかという話と密接に関係しています。与党第一党の党首が首相を務めるのが一般的だからです。仮に与党である政党が党首である首相の在任期間を延ばしたいとすれば、そこには野党との関係で現在の首相が支持されている、人気があるといった理由が想定されない方が不思議です。他の政党やその党首よりも魅力的な政党、党首である状態を確保し続けるために、組織内部のルールを変えるという論理が作用しているのです。

つまり、ここには政党組織と政党システムの相互作用がみてとれます。分析上あるいは説明上の便宜から、まず二つに分けて考えるわけですが、最終的には政党システムと政党組織の両面をあわせてみることで、政党政治の全体像が把握できることになります。

なお、政党をいくつかの側面に分ける際に、他の方法がないわけではありません。アメリカを中心によく用いられる分類方法は、政党を三つの側面に分けます。具体的には、政党組織・議会における政党・選挙民の中の政党という三つです。この分類方法の特徴は、政党を活動している局面によって分けることです。すなわち、日常的な政党組織の活動、議会での政党あるいは会派としての活動、そして選挙運動と、それぞれ政党が登場する「場」が違うのだともいえます。この分類はアメリカではごく一般的で、日本でもそれに依拠した優れたテキストも存在します（川人／吉野／平野／加藤 二〇一二）。しかし、前章までに述べたように、アメリカの政党には他国の政党と比べて歴史的に少し違った組織構造や成立の経緯があるために、どの国にでも適用可能かといわれれば難しい面があります。たとえば、日本やヨーロッパの政党では、党内に政策を議論して決定する過程があり、大きな意味を持っているわけですが、そのような過程は三分類のどこに収まるのか、いまひとつはっきりしません。また、日常活動と選挙運動を分けるのも、概念的には容易ですが実際にはかなり入り混じってしまうでしょう。そのため、本書ではこの分類には依拠しません。

2　制度の効果

誘因としての制度

政党政治が政党システムと政党組織という二つの要素に区分できるとして、何がそれぞれを規定しているのでしょうか。この点についてはいろいろな説明があり、たとえば政党組織のあり方を人間関係で説明する試みは、あまり意識的にではありませんが、マスメディアの報道などでしばしば目にするものです。それはそれで面白いですし、すべて否定されるべきものでもありません。しかし、あまりに個別的な説明になりすぎるという弱点を抱えています。

本書が重視するのは、政治の制度、仕組みの効果です。その根底にあるのは、制度あるいはルールが、政治に関係する人々や集団の行動を大きく規定しているという考え方です。このような考え方は広く「制度論」と総称され、現在の政治学では最も標準的ですし、経済学や社会学のような他の社会科学諸分野でも広がりをみせています。

制度やルールが人々の行動を規定するというのは、具体的にはどういうことでしょうか。たとえば、車道を挟んだ反対側に商店があって、そこに行きたいというときに、人間はどのような行動をとるのかを考えてみましょう。車が激しく行き交っているときには、そこを横断できない、しないことはいうまでもありません。これはルールの作用ではなく、人間の生存本能にもとづく判断です。しかし、横断可能な程度しか車が通っていない場合にはどうでしょうか。横断できるけれども、何となく人が見ているかもしれないと思って、あるいは万が一の安全を考えて、ほんの少し遠回りをして信号を渡るという人も意外に多いものです。

この場合に、なぜわざわざ遠回りして信号のところまで行くのかを尋ねれば、そこに横断歩道があるから、という答えになるでしょう。横断歩道があるところでは、基本的に歩行者は安全に渡れることがルール上定められています。もちろん、斜め横断するときは事故に遭うことを覚悟せよというわけではありませんし、信号のある横断歩道でも事故が起こることもあります。しかし、確率的に考えればやはり横断歩道を渡るほうがはるかに安全ですし、歩行者側にルール違反は生じません。車の運転者も、信号や横断歩道があるところでは当然、歩行者がいることを前提に行動します。

つまり、交通ルールが存在し、それにもとづいて横断歩道という仕組みが整えられていることで、それがまったくない状態に比べると、歩行者や運転者の行動が変わるわけです。横断歩道が全くなければ、店に行くには斜め横断するしかないでしょうから、そのまま渡ってしまうことになります。そうなれば、事故が増えるか、あるいは運転者はいつでも道路に飛び出してくる人に神経をすり減らすか、いずれにしてもたいへん厄介な事態に陥ります。このような意味で、制度やルールの存在は、人々の行動に対して意外なほど大きな影響を与えています。制度やルールが人々の行動を規定することに注目し、社会現象の理解に広く援用していこうとするアプローチ、それが制度論なのです。

人がなぜルールに従うのかというのは、法哲学といわれる学問分野の扱うことで、それを十分に踏まえた説明は専門家の著作をご覧ください。ここではいちばん簡単な説明として、そうするほうが自分の利益になるから、損せず得をするからということに落ち着かせておくことにします。先ほどの横断歩道の話でいうと、歩行者は信号がある横断歩道を渡ることによって、歩く距離がわずかに伸びるかもしれないけれども、より安全に渡れるという非常に大きな利益を得ています。車の運転者の側からみても、どこから斜め横断してくるかも分からない状態は怖いですから、信号や横断歩道を設置してくれれば、多くの人がそこで渡るだろうという予測が成り立ちます。仮に赤信号で止められて、そのときに誰も横断しない場合があるとしても、信号や横断歩道がない場合に比べて予測がしやすくなる分、ストレスが減るという効果が期待できます。つまり、ルールに従うことによってメリットが生まれてくるので、それが人々をルールに従わせることになると考えるわけです。

メリットがあるから何らかの行動をする、あるいはしないというのは、誰もがしばしば経験することではないでしょうか。これを少し複雑な言葉で表現すると、誘因（インセンティヴ）が存在する、あるいは作用するという言い方になります。先ほどからの例でいえば、交通ルールの存在が歩行者をはじめとする個々人の安心を高め、それが誘因となって少し遠くても信号のある横断歩道を利用する行動を導いているわけです。このような、個々のアクターの行動を規定する制度的誘因に注目しながら社会現象、政治現象を説明していくのが、先ほどふれたミクロ的説明、あるいはミクロ・アプローチの基本的な考え方です。

基幹的政治制度

政治の場合、先ほどの例の信号や横断歩道に当たる制度は何なのでしょうか。近年の政治学において重視されるのは、「選挙制度」と「執政制度」という二つの制度です。これらを総称して「基幹的政治制度」と呼ぶこともできるでしょう。民主主義体制下の政治のあり方を定める根本となる制度、という意味です。

選挙制度は、有権者が誰を政治家にし、政治権力をどれだけの期間委ねるのかを定めるルールです。執政制度は、やや耳慣れない言葉かもしれませんが、選挙された政治家や官僚といった、政府の運営にたずさわる統治エリートの間にどのような分業関係があるのかを定めるルールです。この場合のエリートとは、一般有権者すなわちマスの対義語であって、特権的な地位という意味はありません。社会の構成員である有権者が、競争的な選挙を通じて統治エリートに対して政治権力を委ね、統治エリートが相互に分業や抑制を行いながら政府を運営し、それを有権者が再び選挙で評価する、というのが代議制民主主義の基本構造です。だからこそ、代議制民主主義のあり方にとって、選挙制度と執政制度が基幹的政治制度として大きな意味を持つのです。

このような代議制民主主義のあり方については、「委任と責任の連鎖」という言葉を使って表現することもあります。代議制民主主義の場合、有権者から政治家に対して、さらに政治家から官僚に対していろいろなことを行うように委任します。委任を受けている人を代理人、委任する人を本人と呼ぶこともあります。代理人は常に本人に対して説明責任も負っており、それが連鎖していることから、このような言葉が使われます。なお、説明責任とは、ときに誤解して使われるように「丁寧に説明する」という意味ではなく、代理人が本人に対して、委任された事柄を適切に遂行できているかどうか明晰に説明可能な状態にしておく責任を指します。いずれにしても、委任と説明責任のあり方を定めるのが、基幹的政治制度の大きな役割です（待鳥 二〇一五ｂ）。

では、委任と説明責任とは具体的にどのようなことを意味するのでしょうか。再び少し卑近な例からまず考えてみましょう。

先ほども例に挙がった、車道を挟んで向かい側の商店が舞台です。この店で飲み物を買うという場面を想像して下さい。ある人が、店に行くという友人に、飲み物を買ってきてほしいと一五〇円を渡しました。すると友人は店でコーラを買い、帰ってきました。このときに、お金を渡した人は何か不満げにしています。理由を尋ねると、コーラではなくてコーヒーを買ってきてほしかったというのです。しかし、この不満は正当なものだとはいえないでしょう。自分はコーヒーが飲みたかったとしても、飲み物と言った以上、友人がコーラを買ってきても不思議はありません。飲み物を頼んだのにポテトチップスを買ってくれば明らかに依頼に反していて、不満を抱くのもやむを得ないかもしれませんが、コーラを買ってくるのは依頼に反していません。もしもコーヒーを買ってきてほしければ、そのようにいうべきだったのです。

つまり、何か特定の行動を細かく期待するのであれば、それに見合うだけ詳細な委任を行う必要がある、ということです。特定の飲み物を買ってきてほしければ、それを明確に指定しておかなくてはなりません。どういう委任をするか、どの程度まで具体的で詳細な委任を行うかによって、委任を受けた人（代理人）がどのくらい細やかな行動をとらなければいけないかが変わってきます。そして説明責任とは、一五〇円を渡されたときに、頼まれていないことまで配慮することや、コーヒーに比べてコーラがいかに美味かを説くことを指すのではなく、頼まれた内容をちゃんと果たしていることを説明できる状態にしておくことです。ここでの例でいえば、コーラを買ってきたのは頼まれた内容に反していないことを説明でき、お釣りがあれば返す、そのような状態であれば説明責任は果たされているわけです。

選挙制度と執政制度は、委任と責任の連鎖関係において、どのくらいまで細部にわたる委任を誰に対して行うのか、委任を受けた代理人のあいだにどういう分業関係があり、誰が何に関して説明責任を負うかを決めるルールです。代理人である政治家は本人である有権者に説明責任を負っていますから、ルールが与える委任のあり方や誘因に適合的な行動をとると想定されます。この点について、次にもう少し詳しくみていくことにしましょう。

選挙制度の「比例性」

まず、選挙制度はアクターにどのような誘因を与え、いかなる委任内容を導くのでしょうか。

選挙制度と誘因、委任の関係を考えるときに、カギになるのは「比例性」という概念です。簡単にいうと、社会の中で少数派である人たちが政治家になれる選挙制度であるかどうかによって、誘因構造が変わると考えられています。その程度を表すのが比例性なのです。つまり、比例性が高いほど少数派が代表されやすく、低いほど少数派は代表されにくくなります。個々の選挙制度が持つ比例性を測定する指標（非比例性指数）も存在しています。非比例性指数はアイルランドの政治学者マイケル・ギャラガーがつくり出した指標で、ある政党システムを構成する各党の得票率と議席占有率の差の総和から導きます（Gallagher 1991）。計算式は左のボックス内に示しておきました。

> 非比例性指数 $G=\sqrt{\frac{1}{2}\sum(v_i-s_i)^2}$
>
> （ただし、この式において v_i は政党 i の得票率、s_i は政党 i の議席占有率を指しています。）

比例性が低い選挙制度の下では、少数派が小政党をつくって議席を獲得し、議会で活動することは難しくなり、大政党への勢力集中が起こります。そうなると、先にふれたデュヴェルジェのいう機械的効果と心理的効果が作用し、有権者が自分の意見はマイナーだと思うときに、その意見にいちばん近い政党の候補者には投票しない、あるいはその政党が候補者を擁立していないので投票できない、という現象が起こります。言い換えるならば、比例性の低い選挙制度は、大政党の候補者に投票しやすくなる誘因を有権者に与え、勝ち目がないために候補者擁立を控える誘因を小政党に与えているのです。

これを政党システムとの関係で考えてみると、次のようになります。比例性の低い選挙制度の場合、三番手あるいは四番手の政党の主張に近い意見を持った有権者にとっては、自らの主張にいちばん近いわけではないが当選可能性のある一番手や二番手の政党に投票するという行動につながります。これが全国レヴェルで起こるとき、政党システムは二大政党制に近づいていきます。三番手以下の小政党の候補者が、自分の選挙区にはそもそもいないという事態も十分に考えられます。小選挙区制は比例性の低い選挙制度の典型ですが、その下で二大政党制になりやすいというのは、このようなメカニズムの帰結なのです。逆に比例性の高い選挙制度の場合は、有権者は自分の考えに近い主張をする政党の候補者に投票することになります。その結果として、議席を獲得する政党がたくさん存在する多党制が成立します。

なお、二大政党制や多党制という呼び方も概念上の区別に過ぎません。たとえば、二〇一〇年下院選挙までのイギリスは、保守党と労働党の二大政党制だとされていましたが、それ以外の小政党もわずかですが議席を確保していました。そこで政治学では、選挙に参加したすべての政党の得票率、あるいは議会に議席を獲得したすべての政党の議席占有率をもとに「有効政党数」という数値を測定して、それにもとづいて議論をするのが一般的です。有効政党数は、政治学者マーク・ラクソーとレイン・タゲペラがつくり出した指標で、各党の得票率（あるいは議席占有率）の二乗値の総和の逆数です(Laakso and Taagepera 1979)。有効政党数の算出式も、先ほどの非比例性指数と同じように、ボックス内に示しておきました。

$$有効政党数\ N=\frac{1}{\Sigma(p_i)^2}$$

（ただし、この式においてp_iは政党iの得票率〔あるいは議席占有率〕を指しています。）

比例性による選挙制度の影響は、政党システムに対するものが直接的で分かりやすいのですが、政党組織にも表れてきます。どのようなメカニズムなのか、簡単に説明しておきましょう。

比例性が低い選挙制度のもとでは、有効政党数が小さくなり、大政党への勢力集中が生じます。日本の場合でいえば、いまの衆議院の選挙制度は比例性が相対的に低く、大きな政党を割って出るという行動は非合理的です。政党システムについて述べたように、小政党であることは著しく不利だからです。そうすると、大政党の内部では執行部（幹部）の権力が強くなる傾向が生まれます。執行部に入っていない中堅や若手の議員に対して、執行部の方針が嫌なら出て行ってくれてもいいよと言えるからです。言われた方は、実際に出て行ったら次回選挙での再選が極めて危うくなることは分かっているわけですから、党から離れることはできません。また、党内で執行部批判をしすぎることにもリスクが生じます。次回選挙のときに候補者として公認してくれない、あるいは政治資金配分や幹部の応援などで不利な扱いを受けるかもしれないからです。

こうして、とくに大政党において政党組織は集権化する傾向が生じます。二〇一二年に発足した第二次安倍政権では、安倍一強とか官邸主導といった指摘がしばしばなされています。首相である安倍晋三の重視する政策が、少数の政権幹部や与党幹部との協力の下に次々と推進されている、という意味です。そして、自民党内部からは批判や不満があっても表に出てこない、物言えば唇寒しの状況だ、という観察もなされていました。その背景にあるのは、一九九〇年代の選挙制度改革以降、大政党の内部組織において集権化が進んでいることです。そこに強力な基盤を持った政治家が現れると、「一強」と呼ばれるような政策決定のメカニズムが生じやすくなります。後の章でまた詳しく述べますが、日本の場合にそれが最初に明らかになったのは、二〇〇一年に発足した小泉純一郎政権のときでした（竹中 二〇〇六、待鳥 二〇一二、清水 二〇一八）。

「比例性」が何をもたらすのか

政治学者の多数派を含め、いわゆる民意を反映した政治を重視する人たちは、比例代表制をはじめとする比例性の高い選挙制度が好ましいと評価する傾向があります。しかし、どの選挙制度が良いのかに関して、先験的に決まった答えは存在しないという考え方もあり、本書はそれに依拠しています。なぜなら、明らかに優れた選挙制度があるのなら、ほとんどの国がそれを採用する、あるいは近似した選挙制度へと収斂していくはずですが、そうはなっていないからです。また、代議制民主主義の原理としても、民意を反映した政策決定が常に望ましいとまではいえないのです。

選挙制度の比例性をどの程度にしたらいいかは、それぞれの国において社会に存在している少数派をどのくらい代表させるべきかについての判断と密接に関係します。先に言及したクリーヴィジが深刻であって、言語や宗教による少数派の政治的包摂に重要な意義があるという場合には、比例性の高い選挙制度が必要になるでしょう。他方で、少数派を代表させようとするほど、議会の中で政党の数が増え、政策決定までに時間がかかることになります。時間がかかるだけでなく、単一あるいは少数の政党で過半数を確保するのも難しいですから、多くの政党が合意できることしか政策になりません。クリーヴィジがそれほど深刻でなく、しかし政治権力を握っている勢力が強固な既得権構造をつくり上げているような場合には、比例性が低い選挙制度によって、多数派の入れ替えや政策転換を図った方がよい可能性もあるのです。

比例性の高い選挙制度を採用している国は大陸ヨーロッパに多くみられます。これらの国々の政党システムは、小さい政党がたくさんある多党制になっています。議院内閣制であれば、多党制はほぼ必ず連立政権につながります。連立政権では、与党として加わっている政党のあいだで合意がとれた政策であれば容易に展開できますが、そうでなければ政策決定は困難です。前章でみた政党政治の黄金時代、すなわち第二次世界大戦後の約三〇年の期間、比例性の高い選挙制度の下での連立政権は、大陸ヨーロッパ諸国の政治的安定と充実した社会保障政策をつくり出してきました。歴史的事情によりクリーヴィジが相対的に深刻である多くの大陸ヨーロッパ諸国にとって、経済成長の果実の分配には適合的な仕組みだったのです。しかし、最近のように財政状況が厳しくなると、一部の人に対する福祉やサーヴィスの給付水準を下げる、あるいは増税をするといったことに関して、比例性の高い選挙制度の下での連立政権は、意外に脆弱だと分かってきたのです。

というのも、比例代表で連立に入っている政党は、社会の中の少数派の立場、しばしば弱者の立場を代表していますので、負担増などについてはなかなか譲れません。譲れないということになると、政権内で合意のできた政策しか進められない以上、そのような政策は実現できません。社会保障給付の削減などは典型的ですが、グローバル化に対応して経済の成長活力を強めるための政策、たとえば雇用の流動化を図るような政策についても、採用が難しくなります。大陸ヨーロッパ諸国では総じて若者の失業率が極めて高い水準にありますが、その背景には、このような事情によって労働法制の変革が進んでいないという事情があるのです。もちろん、中高年で社会経済的弱者である人々と若者のいずれが雇用されるべきかの判断は簡単ではなく、そのような政策が悪いと決めつけることはできません。しかし、若者からみれば魅力のない政策に映ることも確かでしょう。

大切なのは、比例性の観点から選挙制度を考えるときには、単に民意にもとづいた政策決定になるといったことだけではなく、それがどのような政権の構成や政策選択につながりやすいか、といったところとも関連させなければならないことです。その意味で、それぞれの国がそれぞれの時期に最も必要とする政策の決め方や内容は違うので、一義的あるいは先験的に比例性が高い方がよいと決めつけるのは適当ではないのです。

もう一つ重要なのは、比例性の高い選挙制度が多党制を導きやすいといっても、政党の数が一〇〇とか二〇〇になるのではない、という当たり前の事実です。人間は全員が違うことを考えていますから、民意を反映した政治という言い方をしたところで、誰もが少しずつ自分の意見の何かを切り捨てられたり、妥協して集約を受け入れたりしているわけです。そもそも、政党の存在意義の一つは、意見や利害関心を集約することで政策決定を迅速化したり、有権者が判断しやすくしたりするところにあります。その意味で、政党が存在する政治である限りは、必ずどこかで集約の作業が行われているはずなのです。それが、どこまでやればやり過ぎで、どこまでだったらいいのかというのは、いったい誰が決めるのでしょうか。政党が一つしかないのが問題であることは確かです。しかし、二つの政党よりも三つ以上の方がいいと、なぜ断定できるのでしょうか。七つや八つの方がいいとはなぜならないのでしょうか。この点についても十分議論をしないと、多党制のほうが優れているとか、比例性の高いほうが望ましいとか、一概にいうことはできません。

選挙のタイミングや連動

最後に、選挙制度がつくり出す誘因に関係した、比例性以外の要素についても少しだけふれておきます。近年の政治学において注目が強まっているのは、選挙の頻度（サイクル）やタイミングといった時間的要素と、複数の選挙の間の関係です。

選挙が頻繁にあるような場合には、選挙が終わったら、政治家はその次の日からすぐに次の選挙のことを考えなければなりません。アメリカ連邦議会の下院は任期二年で、主要国の議会としては最も短い方に属すると思いますが、実際にも議員の行動には、次回選挙での再選可能性を高めることがほぼ常に決定的な要因として作用していると考えられています。これに対して、日本の参議院議員やアメリカの上院議員のように任期が六年あり、解散によってその地位を失う恐れもない場合には、とくに任期の前半には選挙のことを考えないですむため、行動が変わる可能性があります。地元選挙区の都合よりも、国全体のことを長期的視点で考えられるようになるということです。その裏返しとして、通常は任期が長い政治家ほど民意から離れやすいため、有権者の生活に直接関わるような事項については決定権限を与えないといった方策がとられます。

また、ある選挙が別の選挙と同時に行われるのか、別々のタイミングで行われるのかによっても、政治家や政党の行動は変わる可能性があります。というのも、同じタイミングで複数の選挙を行う場合には、全く違った政党の候補に投票する有権者はやはり少数派ですので、自分自身の実績や評価よりも所属政党全体への評価に左右されてしまう可能性があるからです。ここから、複数の選挙のサイクルを合わせることで結果の整合性を高める、つまり勝者になる政党が異ならないようにする試みがなされることもあります。比較的最近の例としては、フランスが二〇〇二年に憲法改正を行い、大統領の任期を五年に短縮することで、大統領選挙と議会選挙のサイクルを統一しました。これは、サイクルが異なっているために保革共存政権（コアビタシオン）が生まれやすく、政策決定が難しくなっているという認識によるものです。大統領選挙と議会選挙、議会の上院選挙と下院選挙、あるいは国政選挙と地方選挙など、さまざまな組み合わせの選挙をどのようなタイミングで行うのか、それが何をもたらすのかは、政治学において現在精力的に研究が進められているテーマの一つです。

三つの執政制度

ここまで、主として比例性の効果に注目しながら、選挙制度が政党政治に与える影響について考えてきました。異なる選挙制度は、有権者と政治家の双方に異なる誘因をつくり出し、それに即した合理的行動をとると政党政治のあり方が異なったものになる、というのが基本的なメカニズムです。

では、もう一つの基幹的政治制度である執政制度は、どのような誘因を生み出して、政党政治にいかなる影響を与えるのでしょうか。先ほども述べましたが、執政制度とは統治エリート相互間の分業や相互抑制のあり方を定めるルールです。具体的には、政治家相互間の分業や相互抑制、あるいは政治家と官僚の分業関係を扱います。執政制度の分類方法としては、政治家相互間の分業（有権者から委任された権力の分割）関係に注目して、議院内閣制、大統領制、半大統領制という区別を行います。執政制度と呼ばずに権力分立と呼ぶことも多いのですが、分立していない執政制度も存在するので、かえってややこしくなるように思います。

これら三つの執政制度は、政治権力の分割についての考え方が全く異なります。議院内閣制は、権力を分割せずに集中します。有権者は議会のみを公選し、議会の多数派が政府運営のための特別委員会として、首相をトップリーダー（執政長官）とする内閣をつくります。内閣は政府の運営について議会多数派から委任を受けるとともに、説明責任を負っています。それを果たすため、基本的な政策判断を行いつつ、細部は官僚への委任を使って政府を運営します。委任と責任の連鎖は単線的です。これに対して、大統領制は権力を分割しており、有権者は議会と執政長官である大統領の双方を別個に公選します。議会と大統領の間に委任・責任の関係は存在せず、それぞれの任期は原則的に固定されています。政府の運営は第一義的に大統領が行いますが、議会も予算や人事について関与する場合があります。委任と責任の連鎖は複線的なのです。半大統領制は両者の中間的な性質を帯びますが、権力を大統領と議会・内閣が分有ないし共有するのが特徴です。有権者は議会と大統領の双方を公選しますが、議会多数派がつくり出す内閣も存在しており、政府の運営は大統領と内閣が分担あるいは共同で行います。内閣の存続に大統領からの信任を必要とする場合もあります。委任と責任の連鎖は、やはり複線的です（図3－1～図3－3参照）。

国際的な広がりでみますと、第二次世界大戦直後には、民主主義体制の多くは議院内閣制を採用していました。議院内閣制はヨーロッパや旧イギリス植民地に多くみられる執政制度で、民主主義体制になった時期が早かったからです。大統領制はラテンアメリカやアメリカの影響を受けたアジア諸国に多く、これらの地域では民主主義が安定していなかったので、かつては議院内閣制の方が優れた執政制度であるという議論もありました。しかしその後、大統領制を採用している各国で民主主義体制は安定するようになり、新たに独立した国でも元首や国民統合の象徴として大統領を置く必要があったことなども影響して、大統領制が増えていきました。さらに、一九五八年に発足したフランス第五共和政を顕著な成功例として、半大統領制も広がりをみせるようになりました。運用の難しい制度にも思えるのですが、今日最も採用例が増えているのは半大統領制です。

日本は第二次世界大戦後に議院内閣制を採用しました。戦前にも内閣制度は存在し、原敬内閣から

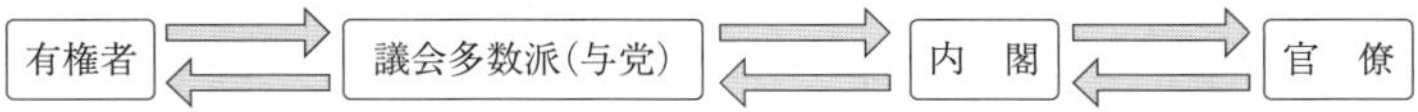

図3-1　議院内閣制における委任・責任の連鎖関係

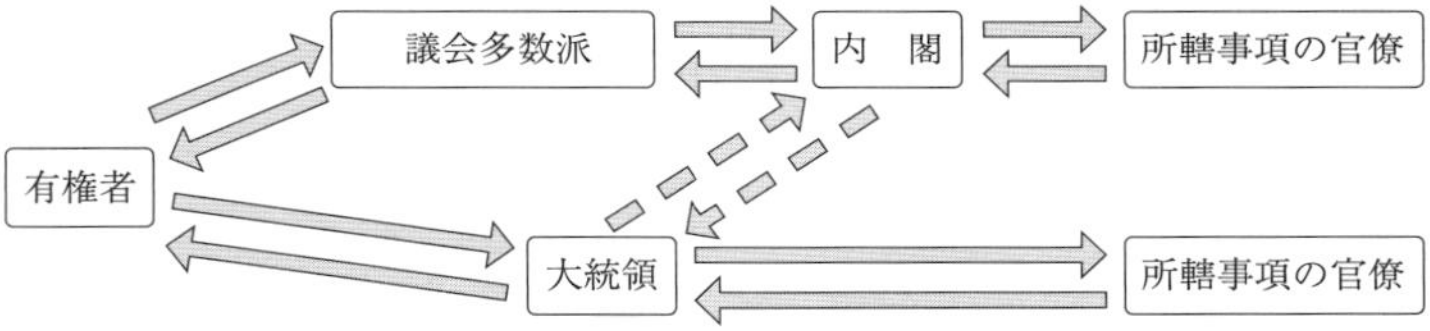

図3-2　半大統領制における委任・責任の連鎖関係

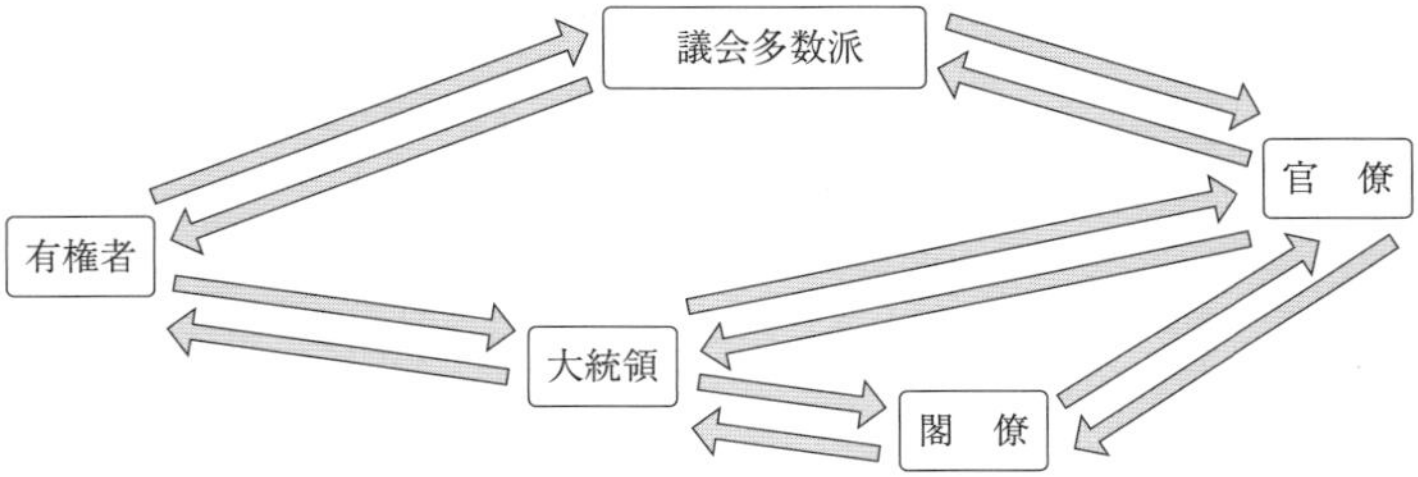

図3-3　大統領制における委任・責任の連鎖関係

（出典）いずれも筆者作成。

五・一五事件までの政党内閣期には議院内閣制に近似した慣行ができましたが、首相と内閣が議会多数派ではなく天皇に責任を負っており、かつ議会多数派と内閣が他の部門を制度上十分に統御できないという点で、議院内閣制の基本的要件を決定的に欠いていました。戦後になって議院内閣制になったのです。

　にもかかわらず、小中学校の社会科などで日本の政治の仕組みとして図示されるのは、権力分立の大統領制をベースにしたものです。そこでは、行政・立法・司法が切り離されて三角形の頂点に置かれた図が描かれ、相互に抑制と均衡の関係にあるとされます。これは、行政と立法が融合することを基本的な特徴とする議院内閣制の説明としてはまことに不適切で、はっきりいえば間違いです。なぜこのような間違いが生じているのかは推測の域を出ませんが、一つには戦前の内閣制度と戦後の議院内閣制を連続的に捉えていることがあり、もう一つには戦後の憲法学における政治制度の理解がアメリカの影響を受けていることがあるのではないかと考えられます。戦前日本の政治制度と、大統領制であるアメリカの政治制度は、いずれも権力分立を基調としているため、そのことが関係しているのではないか、ということです。

これに関係して、中学校教科書などの三角形の図では、内閣による国会への抑制手段として描かれている衆議院解散についても、少しふれておきます。解散は、内閣による国会や衆議院の抑制手段ではありません。むしろ、与党内部組織に関わりがあって行われるものです。首相は国会（衆議院）多数派である与党の委任によって内閣を組織しているわけですが、与党の考える委任内容と首相の考える委任内容に差異が生じることも起こりえます。このような場合に、どちらの考えが妥当なのかを確認し、委任内容に関する認識の差異を解消するために首相が行うのが、与党議員の一部入れ替えを必然的に伴う解散なのです。ですから、解散によって首相や内閣が国会全体を抑制することはできませんし、そうであるからこそ、野党が首相に解散要求を行ったりするわけです。野党による解散要求などは、三権分立の三角形の説明を信じてしまえば、自分のことを牽制してくださいと野党が求めていることになります。もちろんそうではありません。どこまで自覚的に解散を要求しているかは別にして、理論的には、与党と首相の考えが違うのではないか、委任内容の不整合があるなら有権者に選択の機会を与えて、改めて同じ与党や内閣に委任をするかどうか確認せよ、と求めているのです。

執政制度と政党政治

ともあれ、執政制度の分類としては、権力が集中しているのが議院内閣制、権力が分散（分立）しているのが大統領制、その中間的存在として権力を分有ないし共有しているのが半大統領制、となります。

執政制度の差異が政党政治に与える影響ですが、政党システムに対しては限定的です。強いていえば、大統領が公選される大統領制や半大統領制においては二大政党制になりやすい、という傾向はあります。大統領選挙は、全国を単一の選挙区として、一人だけが当選する小選挙区制だからです。アメリカが二大政党制である大きな理由は、この点に求められます。しかし、大統領選挙と議会選挙が必ずしも連動しないのも、大統領制や半大統領制の特徴です。そのため、たとえば議会選挙において比例性の高い選挙制度が採用されていれば、政党システムとしては多党制で、大統領選挙には複数の小政党がブロックを形成して臨むという形になります。議院内閣制の場合には、議会選挙の比例性によって政党システムが規定されており、イギリスのような二大政党制もあれば、ドイツのような多党制にもなりえます。

しかし、政党組織に対しては執政制度の差異が大きな意味を持ちます。権力分立が明瞭であればあるほど、個々の議員は自分だけの利益追求が許容されるからです。もちろん、政治家はすべて自己利益を追求しているわけで、それは大統領制でも議院内閣制でも違いはありません。違いがあるのは「自分だけの」利益追求ができるかどうかです。大統領制における議員は、政権党に所属していたとしても、大統領や政権を支える責任は本来的に負っていません。政権側が提出する、あるいは支持や不支持を表明している議案について、その意向に従った投票を行う必要はないのです。もちろん、似たような理念やイデオロギーを持っているがゆえに同じ政党に所属している可能性は高いため、政権党の所属議員が自らの判断で大統領や政権の意向に従うことはありえます。しかし、従う義務は全くありません。

また逆に、大統領や政権を支えることによって、議会選挙の際に自らの選挙区の有権者からの支持を得られる保証も、どこにもありません。そもそも大統領制の場合には、大統領は全国を選挙区とするために全国的利益を、議員は小さな地域を選挙区とするために部分的利益を、それぞれ追求することがしばしば想定されています。そのような場合に、全国的利益についての判断にもとづく政権側の方針を、議員が無条件に支持してしまうと、議員にとっては自己利益に反した行動にすらなってしまうのです。架空の具体例として、核廃棄物の処分場をどこに立地するか、という政策課題を考えてみましょう。政権側は、全国的な人口の配置や地盤などを考慮して、処分場の適地を判断します。このとき、適地とされた場所が選挙区に含まれている、あるいは近接している議員が、政権の方針に賛成することは考えづらいわけです。全国的観点から受け入れを決めました、という説明では、落選の恐れを強めてしまうばかりです。党内で補償的な財政支出など何らかの取引が行われ、選挙区に不利ではないことが地元有権者に確実に理解されるまで、その議員は反対を続けるでしょう。

大統領制は、個々の議員のこのような行動を許容する仕組みです。そこでは、政党の内部組織において、党の執行部の意向がなかなか浸透しにくくなります。政治学の専門用語を使えば、規律が存在しないという言い方になります。政党組織が全体として持つまとまりのことを「一体性」と呼びますが、一体性を生み出す要因としては、執行部から所属議員への強制である「規律」と、同じような理念や考えにもとづいた行動が結果としてまとまりを生み出す「凝集性」に分けて考えるのが一般的です（建林／曽我／待鳥 二〇〇八）。大統領制の場合には、政党組織の一体性を生み出す要因として、基本的には凝集性にしか期待できないのです。それに対して議院内閣制や半大統領制の場合には、政権党（議院内閣制における与党）議員は内閣を支える義務を負っており、非政権党（議院内閣制における野党）議員はまとまって政権党や内閣と対決することで次回選挙での政権獲得を目指します。結果的に、規律による一体性確保が容易なのです。

少し長くなりましたが、ここまで政党政治を考えるための基本的な視点や概念について一通り説明してきました。次章からは、いよいよ日本の政党政治に入っていきます。本章で述べたことの具体的な適用例として読み進めていただければと思います。

第4章　戦前日本の政党政治

1　歴史的起源

自由民権運動から吏党対民党へ

前章で説明した枠組みから政党政治を考える場合には、基本的に民主主義体制を想定しています。また、序章や第1章で述べたように、民主主義体制であるかどうかは、政党の存在意義に対して決定的な違いをもたらします。したがって、日本の政党政治を対象とする場合にも、第二次世界大戦後に現行の日本国憲法が制定され、明らかに民主主義体制になった後の政党だけを扱うべきかもしれません。理論的には、その方がすっきりしていると思います。他方で、現実の戦後日本の政党は、明治憲法体制あるいはそれ以前の時期からの政党の流れを汲むものが多いのです。さらに、戦前にはいわゆる政党内閣ができていた時期が一九二〇年代を中心にありました。この時期には、政治のあり方に民主主義とそれほど変わらない面がみられました。歴史的な起源を含めて政党のあり方を考えるのが本書の基本的なスタンスですから、民主主義体制以前の政党であっても扱うことにしましょう。

日本で最初に政党が明瞭な形で登場したのは、自由民権運動の時代と考えられています。気鋭の歴史家である松沢裕作に『自由民権運動』（松沢 二〇一六）という著作があります。コンパクトで非常に優れた本なのですが、彼の議論によると、最初の頃に自由民権運動を担っていたのは「政党」というより「結社」と一般に理解されているものだったそうです。結社は必ずしも政治的な主張をするための組織ではなく、何らかの他の目的、たとえば勉強会や読書会のためにつくられました。あるいは、地場産業の振興のために西洋の技術を勉強するとか、そういう目的でつくられた結社が日本各地にたくさんありました。そういう結社の一部が政治色を帯びることによって政党になっていったと考えられています。

しかし、その頃の自由民権運動の担い手というのは、日本に政党政治を根づかせようとか、日本を民主主義にしようとか、そうした意図で政党をつくったとはいえないようです。もちろん、そうしたことも少しは考えていたのでしょうが、それよりも自らの地位や立場を向上させるための圧力活動の手段として、政党を使っていたわけです。明治維新が起こって政治の仕組みは新しくなりましたが、帝国議会が設置されるのは一八九〇年ですから、当時はまだ議会がありません。帝国議会より前に府県の議会は設置されましたが、明治初期は議会がないのに政党だけがあるという状態でした。なぜ政党が先にできたのかといえば、集団として政府に圧力をかけるために政党がつくられていたからなのです。自ら政治家を生み出して政治権力を握る可能性は一切持たないが、政治的な主張あるいは政治権力を使って自らの利益を実現していくことを追求する組織は、今日であれば政党ではなく利益集団と呼ばれるべき存在です。

板垣退助が中心になってつくられた自由党という政党は、そのような半ば利益集団ともいうべき政党の典型でした。板垣は土佐の出身で、その気があれば元老になれた人ですから、そこに藩閥政治を良しとしない理想主義があったことは確かでしょう。板垣の自由党が、日本の政党政治史の起源ともいえる輝かしい存在であることは、まず押さえておくべきです。しかし同時に、板垣は自由民権運動の指導者としての自分を、藩閥政府に高く評価させるための努力を繰り返し行ってもいます。実際に彼の売りこみは成功して、有名な「板垣死すとも自由は死なず」という発言があったとされる一八八二年の暗殺未遂事件の直後、政府からの資金援助を得て、後藤象二郎とともにヨーロッパ視察旅行に出たといわれています。資金援助の話が本当なら、いささか機会主義的だともいえますが、そうした行動は板垣だけにみられたものではありません。当時の政党の指導者には、政府に対して圧力活動をしているときに、そこでの主張は理想主義的であるにもかかわらず、自分が利益を得られると分かったら抜け駆け的に妥協してしまう、という動きが珍しくありませんでした。日本の政党は、そういうところからスタートしました。

帝国議会が開設されると、議会内部にいわゆる吏党、民党という枠組ができます。吏党とは官吏党のことで、藩閥政府側の議員たちです。民党は民権党ですから、板垣の自由党とか、大隈重信が中心になってつくった立憲改進党（改進党）などが中心です。初期の帝国議会では、藩閥政府を民党が攻撃するのが基本的な構図として展開されていきます。すでに内閣制度は創設されており、藩閥政府は伊藤博文や山県有朋を首相とする内閣を頂点にしていました。しかし明治憲法の下では、首相は天皇に命じられてその地位に就くとされており、内閣は帝国議会と信任関係を構築する必要はありませんでしたから、内閣と議会多数派の対立が生じていたのです。これは今の地方自治体における首長と議会の関係に似た面があります。今日、首長が無党派だったり議会の少数派からしか支持を得ていない場合に、激しい対立が生じることを思い起こしていただければ、藩閥政府と民党の関係も少し分かりやすくなるかもしれません。

代表的な民党であった自由党と改進党は、ともに日本の政党政治史において重要な存在ですが、後まで続くメインストリームを形成したのは自由党でした。戦前のみならず戦後の政党政治にまで連なる系譜の起点は立憲政友会（政友会）に求められ、その政友会の直接的な起源は自由党だからです。あえて大括りな言い方をすると、大隈の改進党は非常にゆるやかな人的つながりのもとで、やがて戦前の二大政党の一翼を構成する立憲同志会（同志会）、憲政会、そして立憲民政党（民政党）へと向かいます（なお、大隈と政党政治の関係については、五百旗頭〔二〇〇三〕をご参照ください）。

実質的に初めての政党としての政友会

一九〇〇年、板垣退助の自由党が発展した憲政党を基礎に、伊藤博文を初代総裁に迎えて政友会が結成されました。先ほど述べたように、板垣時代の自由党は今日の利益集団に近いもので、一歩間違うと暴力集団という面すら持っていました。帝国議会が開設され、所属議員を擁する政党になってからも、議員ではない党員が構成する院外団という人々が、その名のとおり議会外から政府に圧力をかける活動を続けます。院外団にもいろいろな人がいたわけですが、中には大言壮語ばかりする書生のような人物や、鉄火場のようなところで切った張ったをやっていた人物がいて、その品行は必ずしも良好ではなかったようです。初期の自由党は、政党でありながらも、そういうかなり乱暴なところを持った組織でした。それが憲政党を経て政友会となり、さらに戦前日本政治をリードする大政党になっていく過程では、二人の人物が大きな役割を果たします。

一人はよく知られているように、原敬です。彼は、伊藤博文や、次の政友会総裁になる西園寺公望らと協力しながら、日本の政党をより安定した、信頼できる政治の担い手に変えていく上で、非常に大きな役割を果たしました（三谷 一九九五）。政友会には利益誘導政治の印象が強く、当時の最も重要な公共事業であり、かつ地方開発政策でもあった鉄道敷設などに関して、社会経済的な合理性を欠く決定を政府に強いたとされています。原はその張本人といいますか、政友会にそうした体質を植え付けた人物のように考えられてきました。しかし最近の研究では、原はむしろ利益誘導政治に対しては批判的で、政友会がそればかりを追求しないよう指導していたという見解が示されています。有権者資格が次第に拡大していく時代の政党は、社会に存在するさまざまな利益を政策過程で表出することと、政府運営の担い手として責任ある立場をとることを両立することが要請されます。政友会はまさにその時代に大きくなった政党ですから、その中心人物であった原は、当然のことながら両立に腐心したということなのだろうと思います（伊藤 二〇一五）。

もう一人は、原敬より前の時代に活躍した星亨という人物です（升味 二〇一一、北岡 二〇一七）。星は帝国議会に加え、現在の東京都議会の前身に当たる東京市会でも活躍した人物ですが、板垣時代の自由党のあり方を改革するために尽力しました。その頃の自由党は、気宇壮大なことを言い、実現可能性がないことを要求しつつ、裏では藩閥政府や官僚との無原則な取引に走りがちでした。自由民権運動の雰囲気を色濃く残していた自由党を、現実的な政策を唱え、議会の中で筋の通った要求を行って、それを政府に飲ませていく、そういうタイプの政党に変えることに努力したわけです。星は伊藤博文の腹心であった陸奥宗光と親しく、伊藤は藩閥指導者として自由党と対峙した時期から、星を頼りにしていたといいます（伊藤 二〇〇九、瀧井 二〇一〇）。

星には、自らも清濁併せ呑むところがありました。陥れられたような場合も少なくなかったのではないかとは思いますが、さまざまな疑惑や汚職に巻き込まれ、最後はそれに憤激した剣術家に暗殺されました。そのため星は、今では原敬に比べるとはるかに知名度が低く、評価としても非英雄的な位置づけかもしれません。最近の研究では、星が自由党に与えた影響は、実際にもそれほどではなかったという見解も示されています（前田 二〇一六）。とはいえ、いまのところは、板垣退助から直接に原敬につながるのではなく、星亨を経たことによって、自由民権運動の団体であった自由党が、政権の担い手になりうる政友会へと次第に変わっていけたのだという理解が一般的だと思います。

しかし、そうはいっても自由党・憲政党から政友会への移行は、やはり大きな変化でした。伊藤博文が総裁になって政友会が成立したときに、党の規約、つまり政党としての組織ルールや、地方組織がつくられました。これは、前章でふれたような二〇世紀以降の近代組織政党であれば、必ず持つべきものです。政友会は、実態的にはなお名望家政党の色彩をとどめながらも、理念としては近代組織政党になることを目指していたわけです。規約や地方組織が本格的に整備され、近代政党としての性格を有する日本で初めての政党は、やはり政友会だということになります。ここに、社会運動や圧力団体として出発した日本の政党が、選挙を通じて政治権力を獲得し、その行使によって自分たちの目的を達成する人々の集団に変わっていくことになります。

政党組織の同型化

伊藤博文を迎えて政友会が創設されたときに、党首の役職名が総裁とされました。総裁という役職名はもっと古くからあったのですが、政府や日本銀行などの公的機関が使うものだったようです。それを政党の党首に使ったのは、政友会の前身である板垣退助の自由党が大隈重信の進歩党（改進党の後裔政党）と合流して、一八九八年に結成した憲政党が最初だったと思われます。ただ、憲政党は短命に終わってしまい、実際には誰も総裁には就任しないままでした。ですから、党首として総裁という名称を事実上最初に使ったのは政友会であり、伊藤博文だということになります。伊藤は元老ですし、すでに首相も何度も務めた大政治家でしたから、政府の公職を思わせる総裁という名称がふさわしい、ということだったのかもしれません。ちなみに自由党での板垣の役職名も、改進党での大隈の役職名も総理で、その後も政友会創設までは、党首に総理という名称を与える政党が多かったようです。

ともかくも、政友会以来、政党の党首を総裁と呼ぶことは珍しくなくなりました。大正デモクラシーの時期から政友会と並ぶ二大政党を構成する憲政会、のちの民政党においても、党首は総裁と呼ばれ、戦後には保守系政党に継承されていきました。現在の自民党はもちろんのこと、その前身政党であった日本自由党と日本進歩党は、いずれも党首を総裁と呼んでいました。ただ、現在では自民党以外の国政政党は党首を総裁とは呼んでいません。理由はよく分かりませんが、保守系政党の党首称号だと思っているのではないかと推察されます。これは戦後ほぼ一貫しており、日本進歩党が分裂して中道色を強めた時期の国民民主党は、党首を総裁ではなく最高委員長と呼んでいましたが、保守合同直前に改進党や日本民主党と名乗っていた時期には総裁に戻っています。また、現在の立憲民主党や国民民主党、希望の党、日本維新の会、民進党や以前の民主党は代表と呼び、ほかには単に党首という言い方をしている政党もあります。代表とか党首というのは機能的な印象で、総裁というのは最終決裁者のようなニュアンスがある言葉ではありますが、実質的な違いはありません。

政友会は、党首を総裁と呼ぶこと以外にも、組織に関する多くの先例を日本の諸政党に与えました。たとえば、総裁とともに党執行部を形成する主要役職として、憲政党から継承した総務ポストに加えて、幹事長が置かれたのもそうです。憲政党から自民党まで、役職の重みや具体的な役割は少しずつ違ってはいますが、やはり幹事長や総務というポストが存在します。総務あるいは総務委員という名称はより古くから使われていましたが、長期にわたって用いられたのは政友会が最初ですから、やはり実質的にはルーツと呼んでよいのだろうと思います。政友会の結成時に組織を定めるにあたっては、前身政党である憲政党はもちろんのこと、大隈重信の改進党や進歩党の組織も参考にしたのだろうと思いますし、さらにはヨーロッパ諸国の政党組織についての情報も得ていたと考えられます。しかし、それらが日本の政党政治においてどのように位置づけられ、いかに機能するのかについては、政友会が基本的な位置づけを定めたといえるでしょう。

この点に関してはまだ十分に研究されていませんが、後発の政党が政友会の組織と同じような組織になっていったのは、組織論でいうところの「同型化」が起こったためだと考えられます。同型化というのは、同じような取引をしている会社同士、組織同士が、相手の組織に存在する役職に相当するものが自分側では何なのかをはっきりさせるため、似たような組織構造をとっていくことを指します。カウンターパートがはっきりすると、やりとりなどがしやすくなるので、似たような役職が置かれるようになるわけです。また、複数の役職のセットとして構成されている組織が、あるところでうまくいくと、それを模倣するようにほかのところでも同じようなものが採用されていく傾向も見出されます。

戦後の自民党の場合には、政党以外の組織、行政省庁や企業などとの同型化ともとれるような現象が起こります。いまはだいぶ弱くなっていますが、かつては自民党には明確な年功序列があり、当選回数によってそれぞれの役職に就く仕組みが確立されていました（佐藤／松崎 一九八六、野中 一九九五）。衆議院で六回、参議院では三回当選すれば、ほぼすべての自民党議員が閣僚になれました。初当選から初入閣までのキャリアパスも決まっていて、当選一回で政務次官から始まり、当選を重ねるにつれて党内の政調部会での役職や副幹事長といったポストを歴任していったのです。初入閣までの出世はほぼ横並びで、将来の首相候補とか有力議員といった評価は、その時期には表には出てきません。しかし、周囲は評価をしていないわけではなくて、何となく雰囲気のようなものはあるけれど、それが地位や待遇には反映されない状態が続きます。

それは、戦後の日本企業において、同期を競争させるメカニズムと非常によく似ていました。つまり、同期入社した人たちの間で誰が幹部候補なのかは、かなり後にならないと分からないわけです。出身大学などによる有利、不利は存在していますが、ごく初期以外にはあまり影響しておらず、横並びでポストを与えられている時期には逆転のチャンスはそれなりに残されていました。このような横並び競争が、おおむね四〇代前半頃まで続きます。ただ、実際にはこの期間にも隠れた人事評価が蓄積されており、それは四〇代後半以降に一気に顕在化します。職位が上がるとさすがにポスト数が足りなくなるので、そこで選抜結果を示すのです。官庁などでも、同じような評価メカニズムが戦後ずっとあったと考えられています。

自民党で国会議員になる人たちには当然、議員になる前の職業があります。最近だと二世議員が増え、議員である親の秘書という肩書を与えられて若い頃から政界に身を置く人も多くなりました。しかし、依然として官僚から転身する議員も多いですし、民間企業に勤務した経験を持つ議員も存在します。これらの議員にとっては、省庁や企業と似た選抜メカニズムになっている方が、結果に納得しやすいという面があったと考えられます。その一方で、こうした選抜は他国の政党にはそれほどみられません。当選回数にもとづく年功序列は珍しくないのですが、ある段階までの横並びは例外的です。むしろ、イギリスの政党のように、閣僚になる人は当選回数が少ない頃から繰り返し入閣するのに、ならない人は何度当選しても入閣しない、という例もみられます。

2 政党間競争の時代

同志会・民政党による対抗

政友会に対抗すべく、加藤高明が第二党として育てたのが立憲同志会（同志会）です。この政党はもともと、桂太郎が新党としてつくろうとしていたものでした。いわゆる桂新党です。彼は山県有朋の側近であった陸軍の軍人で、いわゆる長州閥の第一人者であり、元老の協力も得ながら日露戦争（一九〇四〜〇五）を首相として指導しました。その桂が、西園寺公望と交代で政権を担った桂園時代を経て、次第に山県の影響から離れていきます。

山県は政党が大嫌いで、ときに星亨と協力しようとしたこともありましたが、総じて政党は日本の政治には要らないと考えていました。同じ藩閥指導者の中でも、早くに影響力を失う黒田清隆などと並んで、政党の存在に冷淡だったとされています。これに対して伊藤博文や井上馨は、政党が次第に存在感を強め、政治過程で役割を果たすようになることは避けがたいと考えていました。とくに伊藤はそうで、政党の存在を前提にしながら、それを現実の政治にどれだけプラスの存在にしていくかが大事だという立場でした。だからこそ伊藤自身が政友会に加わって育てようとしたわけですが、山県は最後まで政党を嫌います。伊藤や西園寺から政友会を引き継いだ原敬は、巧みに山県のふところに飛び込んで政党内閣を認めさせていきますが、桂は山県から離れて、政友会に対抗できる政党をつくる方向に進みました。しかし、その決断をした直後に桂は亡くなってしまいます。結局、桂新党は実質的に加藤高明が中心になって創設され、それが同志会になります。

同志会は大隈重信を首相に立てて内閣をつくり、第一次世界大戦のときには事実上、大隈内閣の与党の立場になります。しかし、外交官出身の加藤が外相を務めていた大隈内閣は、大戦中に対華二十一か条要求という無茶を犯します。世界大戦に便乗して、辛亥革命の直後で国力が疲弊した中国に対して無理な要求をし、それをのませてしまったわけです。当時はまだ帝国主義の時代ですから、強国が弱小国に無理な要求をして、半ば強制的に受け入れさせることは珍しくありませんでした。しかし、対華二十一か条要求はその時点でも乱暴であり、アメリカが中心となって主要国（列強）間に定着しつつあった中国の主権尊重の考え方にも合致していませんでした。また、当時の日本はイギリスとの間に同盟を結んでいましたが、それを都合良く解釈してドイツに宣戦布告を行い、中国大陸や西太平洋にドイツが領有していた植民地を占領してしまいます。

このような機会主義的な行動によって、アメリカやイギリスは日本に対する警戒心を強めます。それは、第一次世界大戦後に日本が国際的に孤立していく大きなきっかけになってしまいました。大戦後の講和としてはヴェルサイユ条約が結ばれ、世界平和のために国際連盟が創設されます。日本は確かに、ヴェルサイユ条約によって東アジアや西太平洋の旧ドイツ権益を獲得しましたし、国際連盟では常任理事国になりました。世界の一等国であるという認識が、国民の間には強まりました。しかしその陰で、国際的な孤立は始まっていたのです。そのことを認識していた元老、とくに後年まで首相選任に大きな影響力を行使した西園寺は、加藤と同志会に対して低い評価しか与えなくなりました。その結果として加藤は、苦節十年という言い方をしていましたが、政友会と並ぶ大政党である同志会を基盤にしながら、なかなか政権の座につけない状態が続きます（奈良岡 二〇〇六、二〇一五）。

同志会の組織は、政友会とよく似た仕組みになっていました。党首は総理と呼ばれていましたが（のちの憲政会では総裁）、その下に幹事長、総務がいました。ちなみに、戦前の政党では幹事長より総務のほうがはるかに重要な役割を担っていて、幹事長は現在のように重要なポストではありませんでした。それにはさまざまな理由があると考えられていますが、帝国議会は会期の短い議会だったことが一因だとされています。帝国議会は、年間三カ月くらいしか活動していませんでしたから、議員たちが国会の周辺で活動する期間が短かったのです。議会開会中は幹事長の役割が大きいのですが、日常の党運営は総務が中心になって行っていました。議会のない期間のほうが圧倒的に長いために、戦前は総務が力を持っていたというわけです。

いまでも日本の国会は活動日数が短いといわれていますが、戦前から比べればはるかに長い期間活動しています。国会がない時期にも、議員たちは東京にいることが普通になりました。そうなってくると、幹事長の存在感が強まります。また、政治資金の集め方も変わりました。第二次世界大戦前の政党は基本的には名望家政党ですので、幹部たちが個人でお金を出しています。とくに大正時代まではそうで、たとえば加藤高明は三菱財閥と非常に密接に結びつき、岩崎家から多くの資金を得ていたとされています。原敬の場合には、彼はキャリアの中では半分くらい実業家で、非常に経営の才がある人でしたから、たくさんの資金源を持っていました。それを政友会の政治資金として投入していたのです。戦後の政党はそのようなわけにはいかなくなり、政治資金を差配する幹事長の役割が大きくなりました。

選挙制度の影響

一九二八年には、男子普通選挙制度が導入されました。これはいわゆる大正デモクラシーの産物であって、当時の主要国と比較しても極端に遅いというわけではなく、戦前日本政治における一つの大きな達成でした。しかし、日本における民主主義の展開にとっては重要な出来事であった反面、普通選挙の導入は深刻な政治腐敗を招き、明治憲法体制崩壊の引き金ともなりました。

なぜでしょうか。初期の制限選挙の時代には有権者資格を持った人が極めて少なく、有権者自身も多くの場合に地域の名望家でした。こうした場合には買収や饗応は効果が乏しいですから、金銭的な政治腐敗はあまり起こらないのです。しかし、有権者資格が次第に拡大するにつれ様相は変化し、普通選挙を導入すると決定的に変わります。日本国籍を持つ成人男子であれば原則的に誰でも有権者となるわけで、当然ながらその大多数は富裕層ではありませんでした。

しかも、男子普通選挙が導入された昭和初期には、工業化と都市化が進行している時代でもありました。大都市部に人口が集中しており、東京や大阪が目立って栄えていました。とくに大阪は、関東大震災と市域拡大の遅れの影響を受けた東京をしのぎ、一時は単一都市として日本最大の人口を擁して、東洋のマンチェスターとか大大阪とか呼ばれました。これらの大都市において、新たに有権者となった人々のほとんどは非富裕層でした。彼らはお金や資産もなく、政治的関心もあまりありません。こうした人々をターゲットにして、非常に激しい暴露合戦やイメージ選挙が繰り広げられます（筒井二〇一八）。工業化と都市化はマスメディアの発展も伴っていましたから、主に新聞がその手段に使われていったのですが、政治資金の需要は目に見えて増大しました。

そうなってくると、名望家が個人的に資金を拠出したり、特定の財閥一族など比較的安全で安定した資金源に依存するだけでは、政党の運営ができなくなってしまいます。帝国議会の議員を含めた政党の幹部たちは、軍部などと結んで手段を選ばずに政敵を攻撃することと並行して、軍需や植民地開発で急拡大していた新興財閥などから資金を調達するようになりました。政治資金の調達と使途の両面で、政党は批判されやすい状況に陥っていきます。政党は政治腐敗の象徴になってしまったのです

（筒井 二〇一二）。

当時は、原敬が一九一八年に政友会を与党とする内閣を樹立し、加藤高明や浜口雄幸を輩出した民政党とともに二大政党を形成して、両政党間での政権交代が繰り返される政党内閣の時代でした。唯一の元老として首相を推薦していた西園寺公望が二大政党による政権交代を「憲政の常道」として支持していたこともあり、政党は明治憲法体制下で最も正統性を高めていたのです。それが五・一五事件で短期間のうちに終焉してしまったのは、直接的には軍部を抑えられなかったことを意味しますが、政党が獲得した地位や正統性に見合う行動をとれなかったことも影響していました。五・一五事件の後、政党内閣に復帰すべきだという声は、意外なほど小さなものでした。有権者もマスメディアも、腐敗した政党を見切ってしまったのです（村井 二〇一四）。

政党が巨額の政治資金を必要とするようになった背景には、選挙制度の影響もありました。男子普通選挙が導入されたときに採用された選挙制度が、その後も長く日本政治で使われるようになる中選挙区制です。これは、一つの選挙区から二人から七人、多くの場合には三人から五人が当選する仕組みです。導入を決めた加藤高明内閣を支えていた与党は三党だったので、それまでの小選挙区中心の選挙制度では与党候補同士の競争になることを恐れたとも、また比例代表制により近い制度を望ましいと考えたともいわれます（奈良岡 二〇〇九）。いずれにしても、この仕組みだと、戦前の二大政党や戦後の自民党のように議会において単独過半数を目指す政党は、一つの選挙区から二人以上当選させる必要があります。これを候補者の側からみれば、政党の名前だけでは得票が確保できないことを意味します。中選挙区制導入以前から政治腐敗は問題視されていましたが、このような仕組みは選挙費用のさらなる高騰を招きやすいのです。

分かりやすいように、戦後の例で考えてみましょう。戦後は中選挙区が全国でだいたい一三〇程度設置されていて、自民党は二五〇から三〇〇くらいの議席を持つ状態が一般的でした。この状態を生み出すには、自民党は一つの選挙区から平均して二人当選させなければならないわけですし、選挙区内では自民党候補同士の競争や棲み分けが起こります。このときに大事になるのは個人名です。「自民党の候補」というだけでは足りず、「自民党のA候補」として有権者に認知してもらって、初めて得票できるわけです。個人名を受け入れてもらうための選挙は、同じ自民党のほかの候補との差異化が必要になりますから、党の政策を訴えるだけでは戦えません。その候補独自の政策とか主張を訴えると同時に、自分だけが提供できるサーヴィスを有権者に与えることで支持を獲得する傾向が生まれます。中選挙区制の下では、個々の候補者が確保せねばならない政治資金が多くなるのは、このようなメカニズムによるのです。

戦前の二大政党の場合、各選挙区に擁立する候補者を事前に調整する能力も、戦後の自民党ほどには発達させていませんでした。中選挙区の場合には、適切な候補者調整と候補者間の棲み分けが図られれば、比較的安定した地盤を形成することができます。地盤が安定すれば、必要な政治資金が急増する恐れは低減できます。サーヴィスを怠るわけにはいきませんから、必要な政治資金は依然として大きいものの、危ない資金源に手を出すといったリスクは回避できるはずです。導入時に政治腐敗対策にもなると考えられた節があるのは、恐らくこのような理解によるのでしょう。しかし政友会も民政党も、男子普通選挙と中選挙区制という新しい組み合わせに、とりわけ導入直後には習熟していなかったものと考えられます。結果として、十分な事前調整がないまま候補者を乱立させる、買収などに巨額の政治資金を費消する、さらには手段を選ばずに他党を攻撃するといった行動に向かってしまったのです（川人 二〇〇四、筒井 二〇一二、二〇一八、玉井 二〇一三、北岡 二〇一七）。

この点を敷衍すれば、急激に変化した環境に適応できないまま自らの命脈を絶ってしまったという面が、戦前の政党政治にはあったのだといえるでしょう。政党が軍部による圧迫によって抹殺された被害者だという描き方は、現在も入門的な叙述として広く受け入れられているようには思います。しかしこれは戦後につくられたストーリーであり、当時の多くの人々の認識ではそうではありませんでした。また、近年の政治史研究ではこのような単純化された見方はほとんど存在しないことも、付け加えておきます。

執政制度の影響

戦前の政党政治のあり方を考える上で大事なのは、執政制度の問題、すなわち戦前は議院内閣制ではなかったことです。明治憲法体制下にも内閣制度は存在し、首相がいたことは常識かもしれません。しかし、首相選任の過程や手続き、そして首相と内閣の役割が、戦後の日本国憲法体制下とは大きく異なっていました。

明治憲法体制の下では、天皇が首相に指名したいと考える人物に対して「大命降下」を行い、それを受け入れた人物が首相になって、組閣を行っていました。もちろん、大命降下があったからといって、すべての人物が首相になったわけではありません。また、天皇の指名によって就任しても、首相の権力にはさまざまな制約がありました。とくに五・一五事件以降になると、陸軍大臣や海軍大臣を得られないために首相就任を辞退する、あるいは組閣に際して軍部の意向に従わざるを得なくなる、あるいは陸軍大臣や海軍大臣の辞任によって政権が存続できなくなる、といった例が多くなりました。このようなことが起こったのは、軍部大臣現役武官制といって、陸軍大臣と海軍大臣は現役の将官でなければならないという制度が存在したためですが、そもそも軍の内部事項（軍令事項）に関して首相が統御できない仕組みであったことが、より根本的な理由です。内閣は行政部門を扱っているだけで、立法・司法・軍事など他の部門には口出しできず、それぞれの部門が別個に天皇に助言するというのが、明治憲法の基本的な論理でした。

本来、議院内閣制は立法と行政が完全に一体化して、内閣が司法や軍事に対しても間接的に、あるいは直接的に影響力を及ぼしていく仕組みです。これに対して明治憲法体制が想定していたのは、はるかに権力分立的な仕組みでした。伊藤や山県のような元老たちは、戊辰戦争のときには官軍を率いて活躍し、戊辰戦争後は新政府の下で明治憲法を自分たちがつくったという人たちですから、明治憲法下で分散している各部門をすべて自分の配下に収めていました。こういう人たちがいれば、分立的な権力構造による問題は顕在化しません。そして、元老の後ろ盾があって内閣が成立していれば、首相と内閣は各部門をコントロールできる可能性がありました。原敬が、当時最有力であった元老の山県と結びつくことによって強力な内閣をつくり上げたのは、まさにそのためでした。政党内閣だから強力なのではなく、元老と結びついているから強力だったわけです。

昭和に入って軍部が独走したとか暴走したとかいう言い方が、しばしばなされます。確かにそういう面があったのですが、他部門に対する首相と内閣の優越を制度化できていなかったことが、その背景にありました。軍部の独走を制度上抑止できるアクターが天皇しかいないというのは、明治憲法の致命的な弱点でした。二・二六事件のときや、第二次世界大戦を終わらせるときに、天皇がいわゆる御聖断を下したことが知られています。なぜ御聖断が必要だったかというと、まさに国家存亡の危機になって、ついに明治憲法の最終手段である天皇自身の決裁が行われたということです。憲法の書きぶりは天皇親政であり、日本という国家の最終的な意思決定はすべて天皇の名の下に行うことになっていたわけですが、近代国家において君主の親政が日常的になされることはありえません。日本の場合にも、親政の形を取りつつも、実際には各部門が天皇に適切な助言を行って政府を運営することになっていました。もちろん各部門がバラバラに天皇に助言するのではなく、実質的に統合する機構が必要だったわけですが、元老がいなくなると統合は失われてしまいました（北岡 二〇一七）。それが行き詰まりにつながり、いよいよやむを得なくなったときに親政に頼ったわけです。それはもう憲法体制としては破綻しているということでもありました。

天皇は首相を独断で選んでいたわけでも、もちろんありませんでした。健康上の理由で国政にはほとんど関与しなかった大正天皇は当然ですが、明治天皇も昭和天皇も、君主としての大権行使には慎重であることを旨としていました。首相の選任に関しては、明治維新と立憲政治の確立に貢献した伊藤博文や山県有朋、後には西園寺公望ら元老からの推薦に従って進めるのが通例でした。原敬以降、短期間ですが二大政党の総裁が交代で首相となる政党内閣が展開されたのは、その頃に首相推薦の役割を実質的に一人で担うようになった西園寺が、政党内閣を望ましいものとみなしていたことによっていました。五・一五事件の後に政党内閣が続かなくなったのも、同じ理由でした。すなわち、最晩年の西園寺やその後の首相推薦を引き継いだ重臣と呼ばれる人々、具体的には首相経験者や天皇に仕える内大臣が、政党の党首に首相を任せるべきでないと判断するようになると、政党政治家以外から首相が選ばれるようになったのです。これは、下院である衆議院選挙の結果を受けて、第一党の党首が下院多数派の信任を得た代表者として首相になり組閣を行うという、議院内閣制の基本ロジックとは、大きく異なる仕組みでした。

五・一五事件より前の時期に、西園寺が政党内閣を支持していた理由はどのようなものだったのでしょうか。それは一般に「憲政常道論」と呼ばれています（村井 二〇〇三、小山 二〇一二）。憲政常道論とは、ある政党、たとえば政友会の内閣において、首相が病気であるとか死亡したとかいう以外の理由で総辞職したときには、もう一つの政党である民政党に内閣をつくらせることで政権交代を行う、という考え方です。政権交代を行うべき総辞職かどうか、次の首相を第二党の党首にするかどうかは、結局のところ西園寺の判断に委ねられていたという部分があり、慣行として十分に確立したとまではいえませんでした。また、首相が辞めても彼の所属政党が衆議院の第一党であることに変わりはないので、議院内閣制であれば同じ政党から新しい首相が出る方が本来的です。憲政常道論による政権交代の場合には、新しい与党は第二党ですから、政権発足時にはほぼ常に少数与党であることになります。その後、政権ができて半年くらいのあいだに衆議院を解散します。すると、総選挙で与党が大きく勢力を伸ばして、その内閣が倒れるときには衆議院の第一党であるという状態が生まれます。

つまり、議院内閣制と憲政常道論による政党内閣では、選挙と政権形成の順序が逆になっていたのです。もちろん、当時しばしば模範例だと考えられていたイギリスにおいても、下院選挙の結果に基づいた政権交代が安定的に行われるようになったのは一九世紀に入ってからのことですし、日本でも憲政常道論にもとづく政権交代を繰り返す中で、選挙と政権形成の順序が変わっていった可能性はあります。ですが、少なくとも実際に終焉した時点においては、戦前の日本に議院内閣制が確立していたと考えることはできません。

制度変革の可能性

明治憲法体制が持つ権力分散的な制度構造について、課題であるという認識を持っていた人物がいなかったわけではありません。原敬です。彼は、元老によって属人的に統合されるという仕組みではやがてうまくいかなくなることを理解し、統合の中心に政党と内閣を据えようとしました（伊藤 二〇一五）。原の名前は最初の政党内閣とともにあるとされますが、彼の構想は単に政党に所属する議員が中心となって内閣をつくるだけに止まらず、明治憲法体制において議院内閣制を実質化していこうとするものでした。

原が首相に就任した時点では、衆議院以外の勢力として、元老や貴族院、官僚が無視できない政治的影響力を持っていました。元老のうち、松方正義は高齢で、西園寺公望はすでに政友会において原と協力関係にありました。残るは山県有朋だけであり、だからこそ原は山県との関係構築に努めたわけです。また、貴族院の研究会という会派を政友会と連携させる貴衆縦断の方針によって、自律性の低減を試みたのでした。官僚についても、試験合格によらずに登用できる自由任用の範囲を拡大することで、政党の影響力の下に置くことを試みました。

残るは軍部でした。先にも少しふれましたが、明治憲法体制下では基本的に、陸軍大臣と海軍大臣は現役の将官でなければならないという軍部大臣現役武官制が採用されていました。つまり、現役の中将以上でないと陸海軍の大臣にはなれなかったわけです。この制度は、組閣に軍部の同意が必要であると同時に、軍部に高い自律性を与え、内閣のコントロールが及ばない一因になっていたことは事実でした。そのため、桂園時代の末期に起こった第一次憲政擁護運動の影響を受け、一九一三年に現役以外の将官からも軍部大臣は任用できるようになりました。しかし、まだ大臣は軍人でなければならなかったのです。

原は、この点についても変革に着手します。すなわち、一九二一年のワシントン軍縮会議に加藤友三郎海軍大臣が出席する際に、海軍大臣の実質的な代理にあたる事務管理を、首相である原が務めることにしたのです。これはもちろん、海軍大臣が不在の間だけのことでしたが、武官がすべてを決裁していた軍関係の事項に文官が関与できる端緒となりうる試みだったのです。原内閣におけるこのケースが先例となって、後には民政党の浜口雄幸が首相のときにも、海軍大臣事務代理を務めることになりました。衆議院には文官の軍部大臣就任が正式に認められるよう制度改革を行うべきだという意見が強かったのですが、最後までそれは実現しませんでした。

このように原は、明治憲法体制の弱点を相当程度まで的確に認識し、その変革を通じて他部門に対する内閣の優越を確立することを試みました。内閣が衆議院多数派に依拠して成立し、存続するのであれば、内閣の優越とはすなわち衆議院とその多数党の優越に他なりません。原の構想が実現していれば、明治憲法体制の下でも議院内閣制が成立した可能性があります。その意味では、彼が首相在任中に暗殺されてしまったことは、日本の政党政治にとって大きな痛手だったことは間違いありません。原は経済界とも縁が深く、本人の考え方はともかくとして、政友会が利益誘導政治に走りがちであったことも確かです。そこに摂政宮（のちの昭和天皇）の妃選びをめぐる宮中某重大事件があり、原が婚約辞退に与しなかったために、彼には一部の右翼などから「君側の奸」という非難が浴びせられます。これらが暗殺の遠因になったといわれていますが、今日の時点から振り返ったときに、戦前政治における最大の痛恨事だったといえるでしょう。

とはいえ、仮に原が首相在任を続けていたとしても、彼の思い描いていた制度変革が実現できていたかどうかは、何とも判断し難いところがあるのも事実です。とくに軍部のコントロールについては相当難しかった可能性があります。先にもふれましたが、明治憲法体制は天皇親政の形式をとり、各部門からの個別の助言が天皇のところで統合されることになっていました。ここに議院内閣制を導入すれば、本来であれば部門の一つ、しかも当初はそれほど重要な役割を与えられていなかった衆議院の信任に立脚した内閣が、天皇への助言を統合する位置づけになります。元老の場合には天皇との信頼関係が根本にあり、かつ各部門の実質的な創設者でもありましたから、統合機能を果たすことは相対的に容易でした。しかし、元老以外が組閣するようになると、天皇と首相の信頼関係を常に想定することはできません。この場合に、憲法構造上いかなる正統性に依拠して内閣が統合機能を果たせるのか、という問題が残ってしまうのです。究極的には民主主義的正統性、すなわち普通選挙で公選された衆議院のみが持ちうる正統性に依拠することになったでしょうし、二〇世紀には各国でそのような動きが起こったわけですが、さまざまな紆余曲折が生じたことは容易に想像されます。

戦後、この問題を一挙に解決したのが日本国憲法でした。天皇の政治的役割をそもそも認めず、貴族院や軍部のような非公選部門を廃止して、国会とくに衆議院の多数派の信任のみに依拠して内閣が形成されるようにしました。議院内閣制の明示的な採用です。憲法の構成上、国会と内閣が別の章に置かれているために分かりづらいのですが、第四一条で国会を「国権の最高機関」とし、第六六条三項が「内閣は、行政権の行使について、国会に対し連帯して責任を負ふ」と定め、さらに第六七条一項が「内閣総理大臣は、国会議員の中から国会の議決で、これを指名する」と規定するのは、内閣の存在が他部門より優越する国会の信任のみに依拠すると述べているわけです。国権の最高機関という言葉の意味については、憲法学では「政治的美称」という説があるようですが、そうではないでしょう。むしろ、日本の政府（公共部門）が行使する権力の究極の源泉が、普通選挙によって公選された国会にあると宣言した、極めて強い意味を持つ条文だと思われます。

代議制民主主義の下にある議院内閣制であれば、当然そうなるはずです。前章でふれた委任と責任の連鎖関係から考えれば、有権者から直接に公選されて委任を受けている政治家が、公共部門のあり方についての唯一最終の責任者にならねばなりません。そして、二院制を採用している国会の場合には、下院として有権者により近い存在になるはずの衆議院における多数派が、与党として政府の運営に責任を持つということです。日本国憲法は、このような常識を明示的に述べているに過ぎません。ただし、行政の実務を司る官僚や、司法部門との関係について、どう考えたらよいのかという疑問を持たれる方がおられるかもしれません。とりわけ官僚との関係は、戦後の政治制度の運用の中で常に潜在していた焦点でした。それについては、次章以降で扱うことにしましょう。

第5章　戦後日本の政党政治

1　戦後政党政治の制度的条件

執政制度の断絶

前章の終わりに少しふれましたが、明治憲法から現行の日本国憲法に変わるということには非常に大きな意味がありました。政府のあり方、あるいは統治機構の観点からは、国会の正統性が著しく向上し、議院内閣制が明示的に採用されたことが重要でした。国会は政党の存在を実質的に前提にしていますから、国会が「国権の最高機関」であり、かつ首相が国会議員から選ばれて、内閣が国会に責任を負うようになると、政党が政治権力の主たる担い手、政府の運営主体になるのが当たり前の時代が到来しました。日本国憲法には政党についての規定はありません。しかし、規定がないからといって憲法が政党の存在を想定していないわけではないのです。今日の代議制民主主義諸国において、政党について憲法が何も定めていない例は珍しくありませんが、政党が存在していない例はありません。代議制民主主義は必ず政党を随伴すると考えるべきなのだと思います。ですから、憲法が国会の正統性を高め、執政制度として議院内閣制を明示的に採用したことによって、政党による政治が進められることは実質的に決まったことになるわけです。

しかし、国会の正統性を高め、議院内閣制を導入したことにより、政治のあり方がすぐ全面的に変わったとまではいえません。政治家も官僚も、そして有権者も、明治憲法体制の下で生まれ育った人々でしたから、制度が変わったからといってただちに思考が切り替わりはしませんでした。とくに難しかったのが、明治憲法体制の権力分散的な考え方から、新しい憲法下での権力集中的な考え方への転換です。すでに言及したように、明治憲法の下では行政、立法、司法、軍事が別の大権として構成され、それぞれについて異なった部門が天皇を補佐（補弼）する仕組みになっていました。戦後、軍事大権はなくなり、自衛隊が創設された後も文民統制によって自律性を高めないよう定められました。司法権の独立については残され、むしろ明示的に規定されました。司法権の独立には、民主主義体制の行き過ぎや誤りを事後的に正すことで体制の安定に資するという新しい役割が与えられました。

問題は立法と行政、すなわち国会と官僚制の関係です。議院内閣制の場合、本来は議会下院（戦後日本だと衆議院）の多数派が内閣という特別委員会をつくって、官僚に対して政策の基本的な方向性を指示し、あわせて監督を行うことが想定されています。内閣は下院多数派の代理人であって、下院多数派に代わって行動するがゆえに正統性を持ち、下院多数派への説明責任を負います。官僚は内閣の指示に従って行動する存在です。明治憲法体制のように、内閣が議会に基盤を持たず、説明責任も負わず、官僚が自律的に行政権を行使することは想定されていないのです。

ところが、日本国憲法はアメリカの影響下で原案がつくられました。アメリカは大統領制ですから、立法権と行政権は分離しています。官僚が説明責任を負う相手は、まずもって大統領です。このようなアメリカの政治制度に起源を持つと思われる権力分立的な憲法解釈が、明治憲法体制における権力の分散と、奇妙な整合性を持つことになります。前章の終わりに言及した、国会を「国権の最高機関」とする規定を「政治的美称」とし、国会と内閣の間には抑制均衡関係があるとする憲法学説は、そのような権力分立論の代表です。恐らく背景には、戦中の経験などから政治権力が特定の勢力に集中することを警戒する発想があったのだと思います。

しかし、こうした説明が誰にとっていちばん好都合だったのかといえば、官僚にとってでした。というのも、国会が文字通り「国権の最高機関」になり、政府あるいは日本の公共部門の正統性の根源的な基盤として、すべての政府部門は有権者の代理人である国会（衆議院）から委任を受けた範囲でのみ活動でき、国会に対して説明責任を負うということになると、官僚は自分たちの判断にもとづいて自律的に政策をつくっていくことが難しくなります。しかも、政党や国会が人事や予算を通じて官僚組織に介入してくるのではないかという懸念もありました。実際、戦前の政党内閣の頃にも、官僚が政党にコントロールされそうになった時期がありました。政治史では「官僚の政党化」という言い方をしますが、高位の官僚が政友会系と民政党系にはっきりと分かれ、政友会が政権に就けば政友会系の官僚が要職を占め、民政党が政権に就けば民政党系の官僚が重用される、という時期があったのです（清水 二〇〇七）。その経験からも、官僚は政党の影響力が行政に及ぶことに非常に否定的な態度をとりました。前章でもみたように、戦前の政党は評判が良くなかったこともあって、人事や組織に政党の影響力が行使されると政策が歪められる、という主張をしやすかったことも否定できません。

そんなことは気にせず、国会が強気に出ればいいではないか、と思われるかもしれません。何といっても、憲法にもそう書いてあるのですから。それは一理あるのですが、日本国憲法が制定された直後は、まだ国会も自信を持てずにいました。明治憲法体制の下では帝国議会の地位は官僚制に比べて低く、予算や補佐機構も十分でなかったために独自の政策立案能力も乏しい状態でした。新しい憲法になっても、行政部門に影響力を行使するどころか、まずは何よりも自分たちを三権の一翼を担う正統な存在として確立することを最優先課題にしていました。国会は国会で、官僚に手出しや口出しをされない状態をつくり出したい、それこそが国会中心主義の意味なのだと考えていたのです。そのため、補佐機構として衆議院と参議院にそれぞれ法制局や事務局をつくり、内閣法制局や各省官僚とは別個に政策立案を進め、議員立法によって法制化しようとしました。アメリカの権力分立に慣れた占領軍の高官たちも、それを支援しました。

これらの結果として、とりわけ戦後の早い時期には、日本の政治制度には権力分立的な発想が色濃く残ることになりました。それはやがて緩やかに議院内閣制の論理に侵食されていきますが、権力分立的な理解が部分的に残存したことも否定できません（川人 二〇〇五）。

選挙制度の連続性

その一方で、選挙制度については戦前との連続性がみられました。戦後第一回の、つまり明治憲法下で行われた最後の衆議院選挙は、一九四六年に実施されました。この選挙では、大選挙区制限連記制が採用されました。日本では実例がほかになくイメージが湧かないかもしれませんので、この仕組みを少し説明しておきます。大選挙区制限連記制とは、「大選挙区制」と「制限連記制」を組み合わせてつくられた言葉です。大選挙区制とは、一つの選挙区から八人以上が当選する仕組みで、現在は政令都市以外の市区町村議会などで用いられています。ただ、市区町村議会の場合には、有権者が一人の候補者にのみ投票する「単記制」です。これに対して「制限連記制」の場合には、一つの選挙区の定数がたとえば八人の場合に、有権者は一人だけに投票するのでもなく、しかし八人全員の名前を書いて投票するのでもなくて、三人とか四人だけに投票します。つまり、選挙区の定数より少ないけれども一人ではない数を書くという仕組みです。だから制限連記と言われるわけです。

大選挙区制限連記制は、当選に必要な得票率が低くなり、議会に小政党が乱立してしまうという大選挙区制の弱点を、連記人数の範囲内でグループ化させることで補おうとするものです。個人として立候補した数人が政策上の立場などにもとづいてグループをつくり、連記の際には私たちの名前を書いて下さいと運動することが想定されています。しかし、実際にグループ化するかどうかは有権者の行動次第ですし、有権者に選挙への強い関心や十分な知識を持つことを求めすぎている面もあります。グループが存在することを知らない有権者や、グループを無視する有権者は、自由に連記の組み合わせを変えてしまえるわけです。実際、一九四六年の総選挙では、政治的立場は全く異なるが知名度の高い候補者を組み合わせて投票する例がみられたそうです。また、得られるメリットの大部分は、選挙区定数を小さくするか、比例代表制を導入することで代替できることが分かっています。開票事務なども煩雑になります。そのため、この制度は戦後一回使われただけでした。なお、女性に参政権が認められたのはこのときの選挙からで、一挙に三九人の女性が当選しました。

その後、新しい憲法の下では中選挙区制に回帰しました。中選挙区制は本来、第3章で用いた言葉を使えば比例性の高い選挙制度で、五つ程度の政党がそれなりに勢力を確保する仕組みです。なぜそういえるのか、ごくごく簡単に説明しておきましょう。

一般的にいって、地域政党などが存在せず全国すべての選挙区で同じ政党の組み合わせの競争が行われるとき、一つの選挙区の定数をMとすると、Mに1を足した数、つまりM＋1が議会にそれなりの勢力を得る政党数になります。選挙区の定数と、その選挙区で当選可能性のある候補者数については、このM＋1がほぼ成立することが分かっています。そのありさまは「椅子取りゲーム」に似ています。感覚的な言い方になりますが、このゲームが盛り上がるのは、椅子の数より人の数が一人多いとき、つまり一人だけが椅子に座れずに敗者になってしまう場合でしょう。椅子の数より人の数が一〇人も二〇人も多かったらゲームとしてはつまらないのであって、一人だけ多ければ、誰もが自分は椅子に座って勝ち残れるのではないかと考えて盛り上がるわけです。同じことが選挙にもいえます。そして、実はまだ十分に理論化されてはいないのですが、全国でほぼ同じような政党間競争がなされると、選挙区レヴェルでのM＋1が政党数としてもM＋1になると考えられます。

中選挙区制の場合には、平均した選挙区定数は四くらいですから、政党の数は五つくらいになります。これほど議席を獲得する政党が多ければ、過半数を確保するような政党はなかなか生まれてきません。また、仮に単独過半数を確保する政党が生まれても、党内に対立が生じた場合には分裂しやすくなると考えられます。大政党から離れて小政党をつくったり、無所属になったりしても、次回の選挙で当選する可能性が十分に残されているからです。議員たちは、自分や支持者にとって死活的に重要だと思われる政策課題について党内多数派と対立した場合に、離党という選択肢を考慮する上でのハードルが相対的に低いのです。

改めてまとめておきますと、議会に議席を確保する政党が五つ程度出現すること、単独過半数政党が成立しにくいこと、そして大政党が分裂する可能性が比較的高いことが、中選挙区制の基本的特徴です。

実際、一九四七年から五五年までの日本の政党システムは、このような中選挙区制の特徴をよく表したものでした。この時期、離合集散や名称変更は激しいものの、主要な三党が存在しており、どの政党も過半数を確保せずに競争しているという関係が基本になっていました。主要な三党とは、政友会の流れを汲む自由党、民政党の後継である民主党、そして戦前には社会大衆党などと呼ばれた合法無産政党の後継政党が社会党です。このほか、やがて民主党に合流する国民協同党、戦前には非合法であった共産党、社会党左派から分裂した労働者農民党なども五議席以上を獲得したことがありました。しかし、主要三党も組織的に安定していたとはいい難く、すべて分裂を経験しています。単独過半数政党となったのは、一九四九年の総選挙で前年に自由党と民主党の一部が合流して結成した民主自由党が初めてでしたが、五三年総選挙では早くも分裂してしまいます。そのため、この時期には連立政権や少数与党政権が珍しくありませんでした。

なお、戦前においても一九二八年の衆議院選挙から中選挙区制が採用されていました。この時期は政友会と民政党が二大政党として存在していた時期と重なります。いわゆる政党内閣も実質的には単独与党政権であり、衆議院での二大政党の議席占有率や有効政党数といった指標からも、二大政党制であったと理解されます。そのため、中選挙区制では単独過半数政党や二大政党制が出現しにくいという説明が腑に落ちないかもしれません。しかし、過半数に満たない政党が複数合流すれば中選挙区制であっても二大政党制を一時的に生み出すことはできるものの、そのような場合には長続きしないところに特徴があるのだと考えられます。戦前の日本の場合にも、政友会と民政党という上位二党の議席占有率は一九三〇年衆議院選挙と三二年衆議院選挙後の九五・九％が最高で、それから次第に低下して、中選挙区制導入から一〇年も経たない一九三六年には八一・三％、太平洋戦争前最後の衆議院選挙であった三七年には七六・〇％になります（なお、戦前の中選挙区制に関する包括的な研究として、川人〔一九九二〕があります。議席占有率も同書二八六頁の表６－１から算出しています）。

もちろん、この過程では政党内閣の終焉など大きな変化が起こりましたので、単純な議論は慎むべきですが、すでに多党化傾向がみられていたことは指摘できます。中選挙区制導入後、約一〇年で上位二党の議席占有率が八〇％を切るというペースは、一九五五年に自民党と社会党が上位二党を構成した戦後よりも早い動きでした。当時の選挙制度改革論において比例代表制が注目されていたことからは、二大政党制への満足度が低く、長続きしない可能性が大きかったことを示唆しています。

参議院と地方政治制度

これら基幹的政治制度のあり方と並んで戦後日本政治に潜在的な影響を与えた政治制度が、国会の二院制における参議院の存在と、地方レヴェルの政治制度です。いずれも、公共部門が総体として有権者から委任されている政治権力の行使について、政治家間での分業をつくり出すものですから、広い意味では執政制度に含めることもできます。しかし、現在の比較政治学ではなお、狭い意味の執政制度である議院内閣制・半大統領制・大統領制の間の区分とは分けて議論するのが一般的ですので、ここでも別の要素として考えておくことにしましょう。

まずは参議院についてです。戦前の帝国議会は、衆議院と貴族院の二院制を採用していました。戦後、華族制度がなくなるとともに貴族院も廃止されることになったわけですが、新憲法の下での国会を一院制にするか二院制にするかについては、憲法制定過程で複数の見解がありました。占領に当たっていた連合国軍総司令部（ＧＨＱ）にいたニューディーラーたちが準備した憲法草案では、一院制が予定されていました。貴族がいなくなり、連邦制でもない日本の場合に、二院制にする理由がないと考えたわけです。これに対して日本側は、一院制にすると新憲法が想定する国会の大きな権限が衆議院に集中することを懸念しました。有権者の意向を反映しやすい衆議院は、ときに冷静な判断ができない恐れがあると考えたのです。それを抑止するために、二院制を採用するとともに、第二院である参議院には衆議院と違った人々や政治勢力が代表されることを期待しました。ただし、参議院がほぼ対等な権限を与えられたのは、そのような理由からでした。衆議院と参議院がほ決めることは許されませんでしたので、具体的にどのような方法によって衆議院と異なる判断ができるようになるのか、対等な両院の判断が食い違う場合にどのように調整するのか、問題はないのかなど、多くの課題が積み残されたまま、参議院は出発することになりました。

実際にも、戦後間もなくから参議院の存在は政権を悩ませることになります（竹中 二〇一〇）。衆議院で過半数を確保できれば、首相の指名に関しては憲法上優越が認められているため、内閣をつくることはできます。しかし、その後の政策決定に関しては両院がほぼ対等であるため、結局は参議院でも与党で過半数を確保しないと、政権は行き詰まってしまうのです。当初は、法案ごとに参議院にのみ存在した中道的な会派である緑風会の協力を得るといった方法で多数派を形成していましたが、一九五六年の参議院選挙によって自民党が衆議院と参議院の両院で過半数を確保すると、参議院の存在から生じる問題は影を潜めます。国会の二院間、あるいは政党間の調整によって解決が図られていた状態から、自民党内部の衆議院側と参議院側の調整による解決へと変化したからです。

しかし、一九八九年の参議院選挙で自民党が参議院での過半数を失い、いわゆる「ねじれ国会」と呼ばれる状態になると、再び二院間の調整問題が表面化します。これは参議院での多数派形成問題でもあったわけですが、九〇年代以降の日本政治の大きな焦点になりました。本章では九〇年代初頭までの時期について述べますので、参議院の問題はほとんど出てきませんが、戦後当初から日本政治の制度的課題であったことは、頭の片隅で覚えておいていただきたいと思います。

地方の政治制度はどのようなもので、いかなる効果を持ったのでしょうか。戦前の地方自治は脆弱で、都道府県や市町村は中央政府の出先機関あるいは下位機関としての性格を色濃く帯びていました。議会は存在したものの権限は乏しく、知事は中央政府による任命制でした。知事になるのは、内務省などの官僚だったのです。新しい憲法は地方自治についてとくに章を定め、地方政府が中央政府とは異なる存在であることを明確にしました。知事や市町村長についても公選されることになり、その結果として、首長と議会の双方が有権者から直接公選される二元代表制になりました。二元代表制は、執政制度としては大統領制と同じです。議会の選挙制度は、市町村の大部分では一つの自治体全域を一つの選挙区とする大選挙区制が、都道府県では市や郡を選挙区とする小選挙区と大選挙区の混合制が、それぞれ採用されました。

二元代表制であることも、議会の選挙制度も、いずれも中央政府レヴェルとは全く異なる仕組みです。そのことは、地方レヴェルに中央とは異なる政治勢力が台頭し、異なる政策的関心や政治的志向を持つ可能性を高めるものでした。しかし、それを調整する仕組みは十分に整えられませんでした。

その大きな理由は二つあったと考えられます。一つには、中央と地方の間には行政的および財政的なつながりが存在しており、地方自治体が異なる志向を持ったとしても、こうしたつながりによって統制できると想定されていたからです。たとえば、ある地方自治体が中央政府の意向に反した政策を展開しようとすれば、地方自治に関する法令の解釈や各種の財政支援の削減などを使って、かなりの程度までそれを抑止することができました。もう一つには、一九五五年以降になると地方レヴェルでも自民党が強力になり、国政の政治家と地方の政治家の間にタテの系列関係が形成されるようになります。この系列関係を使えば、地方側に中央とは異なる志向が生まれてくることは抑制できました。しかし、六〇年代後半から七〇年代半ばに隆盛した革新自治体がそうであったように、地方側が中央と明確に異なる政策的立場や政治的志向を持つ場合には、これら二つの調整メカニズムはうまく作動しないことがありました。また、九〇年代以降に地方分権が進められるようになると、再び中央地方間の調整問題が浮上することになります（北村 二〇〇九）。

2　五五年体制

保守合同の理念的意味

先に述べた主要三党の鼎立状態、いわば中選挙区制らしい政党間競争のあり方は、一九五五年に大きな変化を経験することになります。主要三党のうち自由党と民主党の合同、すなわち保守合同がなされて自民党が誕生し、その直前の左派社会党と右派社会党の統一と合わせて、自民党と社会党が対峙する「五五年体制」が成立したのです。五五年体制は、戦後日本の政党政治を考える上でのキーワードです。

保守合同の意味については、これまで一般的にイデオロギーや政策の観点から説明が与えられてきました。朝鮮戦争（一九五〇〜五三年）は終わったものの、国際的には冷戦がいよいよ固定化され、自由主義（資本主義）陣営と共産主義陣営の対立が続いていました。この状況下で、日米安全保障条約を締結した日本としては、国内的にも自由主義へのコミットメントを確定させておきたいところでした。しかし、主要三党の一翼をなす社会党は、サンフランシスコ講和条約をめぐって一九五一年に左右に分裂した後、共産主義陣営や非同盟中立への親近感を示す左派が勢力を伸ばしていました。しかも、左派と右派が再び統一されて、単一の社会党に戻る動きもみられるようになってきました。このまま左派主導で社会党が統一され、政権に就くことになると、日本が自由主義陣営から離れてしまう恐れがあったのです。もちろん、当時の国際環境を考えた場合に、実際にそのような選択がなされたかどうかは疑問ではありますが、戦災からの復興に目処がつきつつあった経済界などには、そのような懸念が存在したことは確かでした。そこで、自由主義へのコミットメントを明確にしている勢力の一本化が目指され、保守合同が実現したというわけです（冨森 二〇〇六）。

保守合同がなされた理由として、このような説明は説得的です。しかし、保守合同が何を意味していたのかを考えるためには、政党システムの観点を導入する必要があるでしょう。政党システム、すなわち政党の数と勢力関係の観点から考えてみると、保守合同とは自由党と民主党という二つの政党が半永久的な連立を組んだことを意味します。自由党と民主党の恒常的な連立政権ができ、主要三党のもう一つである社会党を政権から排除する、これが保守合同の帰結でした（的場 一九九〇）。それまでは、一九四七年から四八年の片山内閣、芦田内閣において社会党は政権に加わっていましたし、五三年には吉田茂率いる自由党が衆議院での過半数を失った際に、改進党（のちの民主党）総裁の重光葵を首相候補として左右社会党との連立が具体化したこともありました。五四年に民主党の鳩山一郎が首相になったときにも、国会での首班指名において社会党の協力を得ています。保守合同後は、このような機会が失われたのです。

主要三党のうちの二党が合同したのですから、さしあたり自民党が優位に立つのは当然でしたが、これが長期単独政権に至った理由はどこにあったのでしょうか。自民党ができた直後には、それまでの主要政党と同じように、ほどなく分裂するという見方は決して珍しくありませんでした。しかし実際には、一九七六年に新自由クラブができるまで集団離党による新党結成は行われず、より実質的な分裂は九三年の新生党と新党さきがけの結成まで生じませんでした。その間全く野党になることはなく、ごく短期間だけ新自由クラブと連立したことを除けば、ほぼ一貫して単独政権を確保し続けました。その理由についても、理念や政策からなされる説明と、制度に規定された政党システムに原因を求める説明の両方が可能です。

理念あるいは政策面では、政権参画の可能性が小さくなった社会党が、次第に現実から遊離した立場をとり、魅力を失っていったことが指摘できます。保守合同の頃までの社会党は、戦前や戦中に官僚であった議員もおり、短期間とはいえ与党経験もあったために閣僚経験者もいました。戦前からの合法労働運動や農民運動の指導者だった人々は、資本主義の下で非富裕層の社会経済的利益を実現させることの重要性も理解していました。ところが、野党である期間が長くなると、政策実現による支持層の利益表出もままならず、人材供給は左派の労働運動や学生運動に依存する傾向が強まりました。農民運動は、戦後改革による農地解放後に大部分が農業協同組合（農協）に吸収され、実質的に自民党の支持基盤へと再編されてしまいます。結果的に、共産主義や中立主義へのコミットメントが党としての骨格を形づくるようになってしまい、資本主義や自由主義への観念的な批判と日米安保条約廃棄など実現困難な政策を主張し続けたのです。高度経済成長によって日本社会が明らかに豊かになり、多くの有権者が現状におおむね満足しつつ、しかしその弊害を是正してほしいと願っているときに、このような態度で多数派を確保できるはずはありませんでした。これに対して、自民党はしたたかでした。憲法改正（自主憲法制定）といったイデオロギー色の強い政策は早々に棚上げにして、高度経済成長の果実をどう分配するかという利益誘導政治へと舵を切り、支持層を広げていったのです。

中選挙区制による自民党の優越

制度的には、中選挙区制が持つ比例性の高さの効果が注目されます。比例性が高い選挙制度の下では、有権者の政党支持分布と国会の勢力分布が近似しやすく、かつ短命の新党が乱立するような状況にない限りは政党間の勢力変動の幅が小さくなる傾向が生まれます。政党の名称や政策的立場が頻繁に変わらないのであれば、有権者の政党支持も極端には変動しません。五年前には三%程度の支持率しか得られなかった政党が、急に四〇%の支持率に達する、といったことはまず起こらないのです。日本を含め、第二次世界大戦後の先進諸国の政党政治は、その点で基本的に安定していました。このような場合には、比例性の高い選挙制度だと、政党間の勢力関係は固定的になりやすいわけです。

そこに二つの大きな政党が合併して、選挙によることなく単独過半数政党が成立し、政権を独占するようになると、切り崩すのは非常に難しくなります。一九五五年の時点で、自民党と社会党の議席比率は二対一程度でした。それ以前の主要三党である自由党、民主党、社会党の議席は、五五年二月の衆議院選挙の結果が出た時点でそれぞれ一一二、一八五、一五六でしたから、ちょうどそのような数字になります。社会党統一と保守合同がなされた後、最初の衆議院選挙は五八年ですが、そのときには自民党が二八七議席、社会党が一六六議席となりました。自民党が若干減り、社会党がほぼその分だけ増えていますが、一〇議席程度の増減の範囲に収まっていることが分かります。自民党は社会党に常に一〇〇議席以上の差をつけていたのですから、この程度の変動幅の選挙で第一党が入れ替わることはほぼ考えられません。以後も、上位二党の議席占有率は次第に低下していきますが、自民党と社会党の勢力比は長らくほぼ二対一が続きました（図5-1参照）。参議院についても同様でした。当時は改選定数五〇の全国区と定数二以上の地方区（都道府県別）が二〇程度存在していたので、参議院も比例性の高い選挙制度になっていました。ここでもやはり、一度形成された自民党の優位は長期

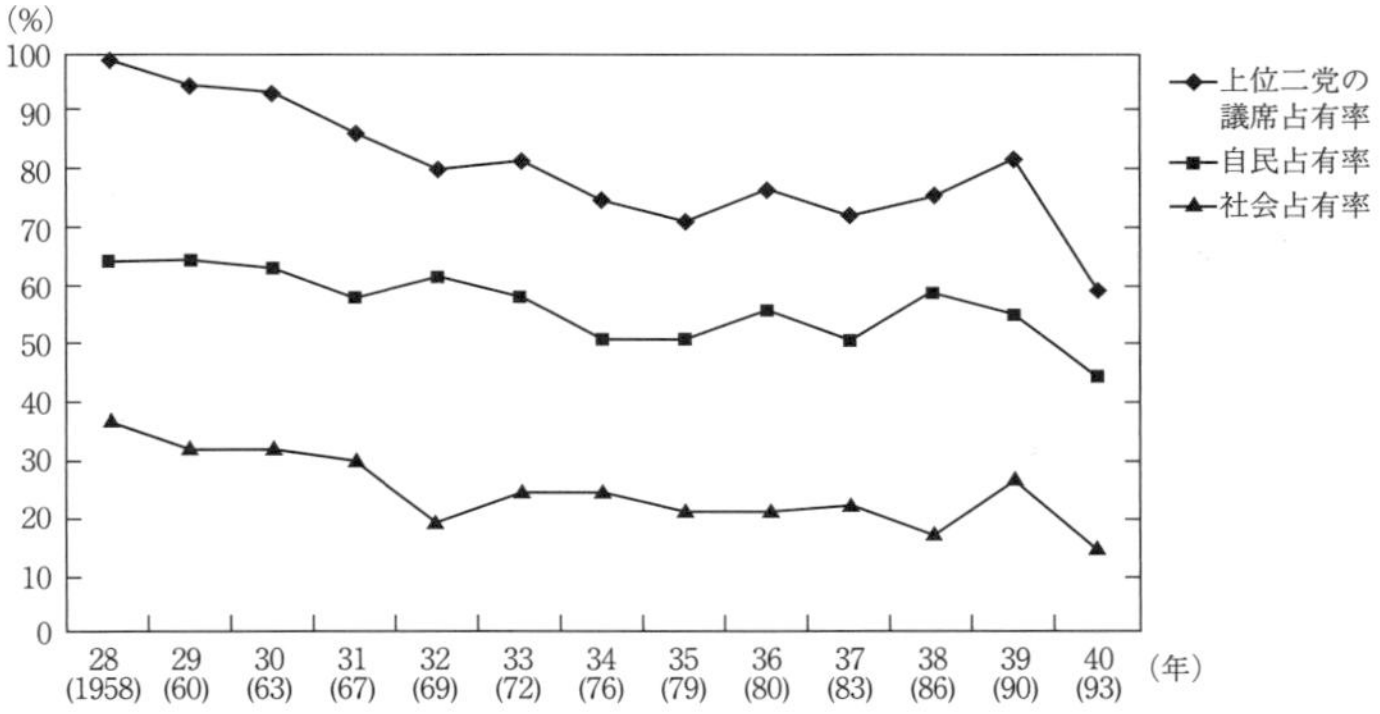

図５-１　衆議院における上位二党の議席占有率（1958〜93年）

（注）数値は衆議院選挙後の特別国会召集日ベース。

（出典）石川（2004）の巻末データより、筆者が算出して作成。

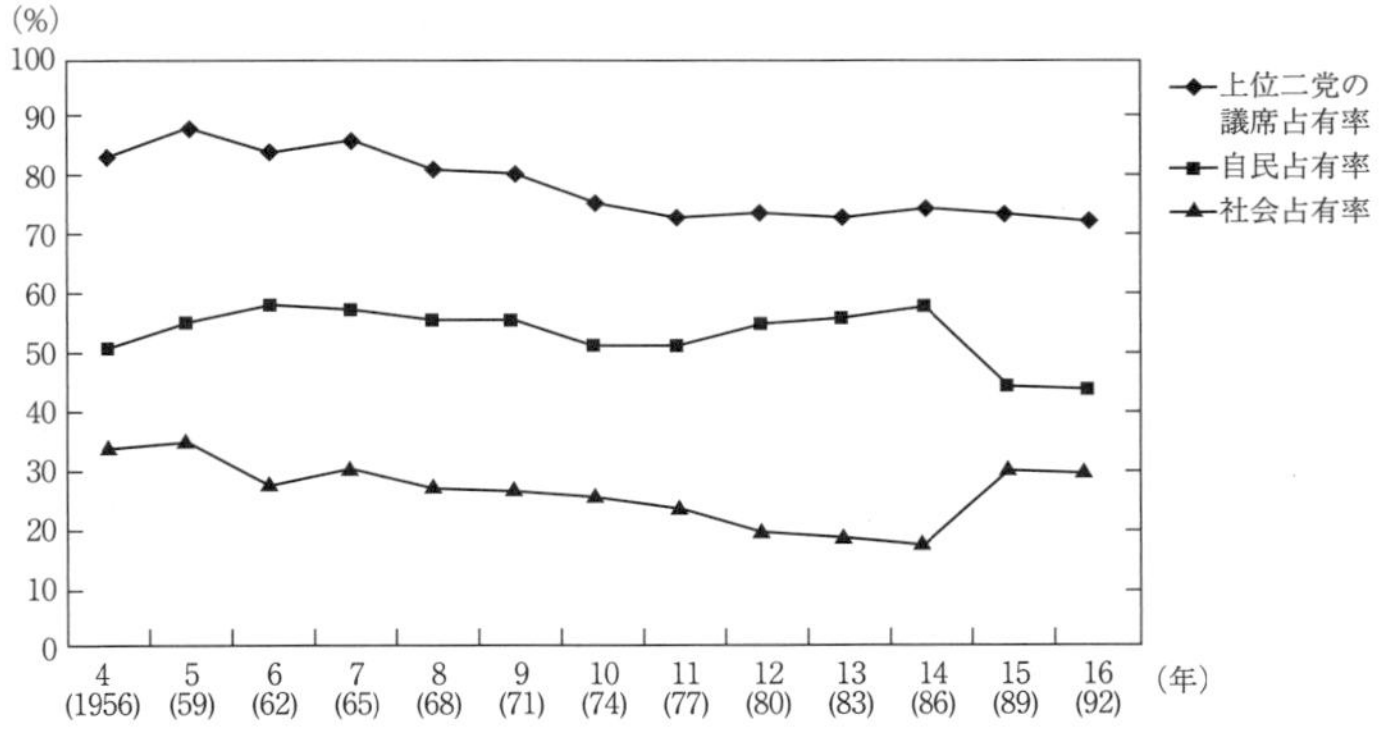

図５-２　参議院における上位二党の議席占有率（1956〜92年）

（注）数値は参議院選挙後最初の国会召集日ベース。

（出典）石川（2004）の巻末データより、筆者が算出して作成。

にわたって揺らぎませんでした。小選挙区に当たる定数一の地方区がある分だけ、自民党と社会党の勢力差は開く傾向さえみられたのです（図5−2参照）。

政治学には「一党優位政党制」という概念があります。第3章でも名前の出たジョヴァンニ・サルトーリが提唱した概念ですが、複数の政党が競争しているにもかかわらず、同一の政党が連続して四回程度の選挙に勝利を収め、単独政権かそれに近い形での政権（議席数が大幅に異なる小政党との連立など）を継続する政党システムを指します（サルトーリ 一九九二）。簡単にいえば、政党間の競争はあるが政権交代がなく、与野党の関係が固定化されている政党システムです。一九五五年以降の日本の政党システムは、それまでがごく一般的な多党制だったのとは大きく異なり、しばしば一党優位政党制の典型とされます。比例性の高い中選挙区制の下で、選挙によらない保守合同という方法で自民党が単独過半数政党になったことは、戦後日本の政党システムに劇的な効果を生み出したのです。先にも述べましたが、サルトーリの政党システム類型には因果関係について明晰でない部分が残るため、一般論としての説明に際しては依拠しづらい印象があります。ただ、戦後日本の政党システムを一党優位政党制とすることについては、事実を簡潔に表現する用語としてなら使えるでしょう。

政権交代が起こらなくなり、与野党の関係が固定化されると、それぞれの政党が目指すことも変わってきます。本来であれば、競争的な政党システムの下にある各政党は、政権を獲得し、政治権力を握ることで支持者の期待に応える政策を展開することが想定されています。しかし一党優位制ができてしまうと、そのような役割を果たせるのは自民党だけになってしまいます。社会党がイデオロギー的な立場を強調し、憲法改正阻止（護憲）や日米安保条約反対に自らの存在意義を求めるようになったのは、野党としての地位に固定化されてしまったことの結果でもありました。これらの主張によって各選挙区から一人を当選させることができれば、衆議院に三分の一の勢力は安定して確保できたのです。そして、比例性の高い中選挙区制は小政党の存在を許容しますので、政策実現に積極的役割を果たせない社会党に飽き足らない人々は、民社党や公明党のような中道の小政党に期待を寄せるようになっていきました。共産党も次第に国会での活動に意味を認めるようになり、野党の多党化を皮切りに五五年体制の変容が始まります。

少し異なる傾向がみられたのは地方政治です。地方では首長と議会が別々に公選される二元代表制が採用されたことはすでに述べましたが、この仕組みの下では、とくに首長選挙に関して非自民系の候補に勝つチャンスが残されていました。自治体全体から一人だけを当選させる首長選挙の場合、知名度や魅力のある候補を擁立できれば、基礎票の不足を補うことができたからです。高度経済成長期になると、東京圏や大阪圏などの大都市圏において、自民党政治に飽き足らない若い有権者が増えるようになりました。これらの有権者は、企業や生産者よりも消費者の利益を重視し、過密や公害など当時の大都市が抱える課題に取り組むことを公約に掲げる非自民系の首長候補を、次々と当選させました。

社会党と共産党が中心となって擁立されていた非自民系首長がいる地方自治体は、革新自治体と呼ばれ、最盛期には日本の人口の半分以上が革新自治体に暮らす状態にまでなりました。革新政党は、彼らが国政において最も重視していた護憲や外交・安全保障問題ではなく、都市政策や福祉政策によって支持を集め、彼らが強く反対していた小選挙区制と同じ仕組みである首長選挙で好成績を収めたのでした。しかし、非自民系首長は議会に十分な基盤がなく、自民党も次第に都市政策に力を入れ始めたことから、一九七〇年代半ば以降にはその数を減少させていきました（曽我／待鳥 二〇〇七）。

自民党における派閥

自民党は単独政権を長く維持できたのですから、中選挙区制の最大の受益者だったといえるかもしれません。先ほども述べましたが、比例性の高い選挙制度である中選挙区制の下では、一九五五年以前のような多党制になり、連立政権や少数与党政権が生まれる方が普通です。保守合同によってそれを避けたのが五五年体制の本質ですから、自民党にとってはたいへん好都合な状態ではありました。しかし、それが自民党にとって良いことばかりかというと、そうともいえません。もちろん政党間競争が権力をめぐる争いである以上、与党であるのは明らかに好ましいことですが、自民党が何の苦労もなくその地位を確保し続けたというわけではないのです。最大の問題は、党内に常に分派を抱えていたことでした。

多党制になるはずのところに出現した単独過半数政党である自民党は、選挙制度のロジックには合致していません。中選挙区制だと一人の候補者が当選に必要な得票率は二〇％程度です。定数五人の最下位当選だと、一五％程度にまで下がっても不思議ではありません。そのラインであれば、政治家が個々人で形成している支持者を総動員し、必死で戦えば何とか確保できる可能性があります。ですから、個々の政治家は所属政党の助けを借りずに、自力で当選する余地が十分にあります。しかも、一つの選挙区から平均して二人の当選者を出さないと単独過半数は確保できませんから、自民党は常に同じ選挙区に複数の候補を擁立します。そうなると、候補者は有権者に対して自民党という所属政党名をアピールするだけでは得票につながりません。「自民党の○○候補」という個人名を浸透させる必要があるわけです。その際には、当然ながらもう一人の自民党候補との差異化が必要になってきます。このような差異化は、選挙区内で主に集票する地域を分ける、あるいは支持団体を多く抱える産業を分けるといった方法で行われました（建林 二〇〇四）。個々の自民党議員は個人後援会を結成し、支持者を固めて政治資金をまかないました。しかし、政治資金などは完全に候補者個人で調達できるわけではありませんから、党の支援が十分でないとなると、別の資金源が必要となります。これを助けてくれるのが派閥なのです。

五五年体制下の自民党政治は、すなわち派閥政治であるとよくいわれてきました。それも多くは批判的な意味合いでの話です。では、それほど批判されていたのに、派閥はなぜ存続したのでしょうか。親分子分関係とか義理人情といった、ウエットな人間関係に注目した説明が与えられることもありました。かつては、その方がむしろ一般的だったかもしれません。しかし近年では、人間関係による説明はあまりなされなくなってきました。理由はいくつか考えられるでしょう。一つには、日本社会において全般的にウエットな人間関係が弱まってきていて、自民党や派閥の内部にだけそれが存続してい

ると は想定しがたいことが指摘できます。もともと、ウエットな人間関係で集団が構成されるという発想自体が、企業など日本の他の組織からの類推でした。前章で述べたような同型化の論理を想定していたといってもよいかもしれません。この想定が妥当するのなら、他の集団の組織原理からウエットな要素が消えていけば、派閥にだけそれが残るのは不自然です。もう一つには、近年になって派閥が急速に影響力や存在感を失っていることが指摘できます。本当に義理人情などに立脚した組織であれば、その変化は緩やかでしょうから、急に衰えたりするはずがないのです。そう考えると、ウエットな人間関係として派閥の成り立ちや存続を説明することには無理があるとみるべきでしょう。

むしろ、派閥は選挙制度に対して合理的な存在であり、その限りにおいて隆盛を誇ったという説明の方が、説得力があるように思われます。言い換えれば、派閥は中選挙区制に適合的な存在だったのです。先に述べたように、単独過半数政党としての自民党と、比例性の高い中選挙区制との相性は、本来あまり良くないのです。そのような条件下で単独政権を維持していくには、自民党という名称（ラベル）を共有しつつ、個々の議員が独自の支持基盤や資金源、さらには独自の主張をすることを、相当程度まで許容せざるを得ません。党内分派ができても構わないから、とにかく自民党という名称は共有し、かつ国会での採決では一致した行動をとってほしい、というのが党運営の原則になるわけです。派閥がどの程度まで政策面でのまとまりを持っていたのかについては、研究者の見解は必ずしも一致していませんが、何の役割も果たしていなかったとは考えられていません。中選挙区制の時代には、候補者のリクルートメントと支援、政治資金の調達や配分、そしてある程度までは政策路線の形成に、党内分派としての派閥は役割を果たしてきたのです（佐藤／松崎　一九八六）。

同時に、派閥には総裁候補の育成と擁立という機能もありました。派閥に所属する議員の中で、資金調達能力や調整能力などによって、特定の政治家が次第に一目置かれるようになり、やがてはその派閥のリーダー、昔風にいえば領袖《りょうしゅう》へと登りつめます。もちろんその過程では有力な議員同士の激しい競争があり、敗れた政治家が別の派閥を立ち上げるといった事例も珍しくありませんでした。また逆に、派閥の規模を大きくして、それを維持できることは、総裁候補として有力になる上でも決定的に重要な要素でしたから、有力政治家は自らの派閥に新人をリクルートすることや、無派閥議員を引き入れること、あるいは小派閥を吸収してしまうことに努めていました。派閥のリーダー同士、あるいは派閥内部での有力政治家同士の競争は、自民党に活力を生み出したことは確かです。政権交代がない中で、長期にわたって政策路線が停滞しなかった一因は、間違いなく派閥間競争がもたらす活力にありました。その一方で、派閥の維持や規模拡大には莫大な資金を必要とするため、政治腐敗や金権政治の温床になっていたことも否定できません。

ボトムアップの党内過程

中選挙区制時代、あるいは五五年体制下における自民党組織のもう一つの特徴は、政策決定過程にありました。もちろん、フォーマルな政策決定は最終的に法案が国会を通過したときになされるので、ここでいう政策決定とは、自民党としての法案に対する態度（党議）の決定のことを指します。ある法案について単独与党である自民党が党議を決めると、それに従わない造反議員が大量に出ない限りは、その法案の成立はほぼ保証されることになります。法案提出後の国会審議は、法案の内容を修正するためのものではなく、法案に対する意見を述べて有権者に示す機会を野党に与えることに重点が置かれます。このような国会のあり方は、日本だけではなくイギリスなど単独政権が一般的な議院内閣制諸国では珍しくありません。しかし、みんなで話し合って政策を決める場所という素朴な議会イメージとは大きく食い違っていますので、国会に対する有権者の評価が高まらない遠因にもなっています。ともかくも、戦後日本政治においては、与党である自民党内の政策決定過程が大きな意味を持ってきました。

党内での政策決定に至るまでの原則を一言でいえば、ボトムアップです。つまり下から政策を決めていくということです。具体的にみましょう。五五年体制期の自民党内の政策決定は、典型的には次のような過程をたどります（詳しくは、たとえば飯尾〔二〇〇七〕をご参照ください）。

まず、政務調査会という組織の下に置かれている部会が起点となります。部会は外交部会や農林水産部会など、おおむねその政策領域を所轄する省庁と合致する形で置かれています。扱っている政策領域において、新しい法律の制定や既存の法律の改正などを行うべき課題が見つかった場合に、所轄省庁の作成する要綱や骨子をもとに、どのような対応を図っていくかが検討され、法案の原案がつくられていきます。ここでは当選回数の少ない若手議員が中心となり、所轄省庁の官僚や利害当事者などの意見を聞きながら活発な議論が進められます。部会を通過した法案は、必要であれば他の部会との調整を経て、政調審議会という上部組織において政策面での検討がさらに加えられ、その後に総務会という別の組織に送られます。

総務会は、ヴェテラン議員が総務という伝統ある名称を持った役職に就き、法案について、より総合的な判断を行います。政策としては合理的であっても、自民党の支持基盤に悪影響を与えてしまう法案や、党内の分裂につながる法案については、通過させないこともありました。総務会の最終決定は全会一致が慣行になっており、強い反対者のいる法案は認められないのが原則でした。そして、この総務会での決定が、自民党としての最終の方針決定、すなわち党議となります。総務会で了承された法案は、内閣法制局の審査などを経て、内閣提出法案として国会での審議に回ります。国会での採決に際しては、自民党に限らずどの政党も、所属議員が党議に反する行動をとることを認めません。これを党議拘束といいます。

この過程では、当然ながら早い段階で法案作成に関与している方が幅広い選択肢を検討することができますし、反対して法案を成立させないための行動もとりやすくなります。そこに参画しているのが当選回数の少ない若手議員であるところから、ボトムアップの過程だと考えられるわけです。総務会で了承された法案、あるいはそれまでの過程で見送りが決まった法案については、首相である総裁も覆すのは極めて困難でした。党内での政策決定過程を経て出された結論を受け入れない総裁は、自らが所属している以外の派閥を率いる有力者などから強く批判され、場合によっては総裁を辞めさせるための動きを誘発してしまうからです。中選挙区制の下で党内分派を許容することは、派閥の存在を受け入れることだけではなく、政策決定に至るまでの過程でも党内コンセンサスづくりに細心の注意を払わねばならないことを意味していました。単独過半数政党といっても、実質的には恒常的な連立がなされているのが自民党の基本的な特徴でしたから、連立政権における政策決定としては珍しくない、コンセンサス重視の過程が党内に生まれていたわけです。

また、ボトムアップによって下から方針を決めていくのは、日本のほかの組織と共通した特徴でもありました。戦後日本の官庁や会社では、稟議書と呼ばれるような、役職が下の者から出た発案を上に回していって、最後にトップが押印して決裁となる書類が、しばしばみられます。もちろん、トップダウンで最初から上位役職者が方針を決める場合もありますが、日常的な業務のほとんどは下から上げていくのは、日本の組織に多くみられる傾向です。このような意思決定を行うことで、現場レヴェルでのニーズの汲み上げや低位構成員の士気の維持などが図られるのが、日本の組織の長所だとされてきたわけです。自民党で議員になった人には元官僚なども多く、このやり方には前職で慣れているので、非常に移行しやすいという事情もあったと考えられます。ここにも同型化の契機を見出すことができます。しかし、単純に慣れ親しんでいるから続いたという説明だけではやはり無理があり、ボトムアップによる政策決定を存続させたのは、結局のところ中選挙区制の下での自民党組織のあり方に適合的だったことが大きかったのだと考えられます（佐藤／松崎 一九八六）。

3　利益配分政治の完成と行き詰まり

族議員・官僚・業界

政調部会を起点とする政策決定のあり方は、当選回数の少ない議員に活躍の場を与えることを意味しました。そこから、自民党の打ち出す政策には明らかな特徴が生まれることになりました。利益配分の重視です。当選回数の少ない議員は、まだ地盤が安定しておらず、選挙にも強くありません。これに対して、ヴェテランの議員は当選を重ねて地盤が安定しており、細かい政治のことよりも天下国家のことを考える傾向が生まれます。このような違いがある中で当選回数の少ない議員たちに大きな役割を与えると、選挙に弱い議員の発想がより政策に反映されやすいことにつながります。自分の選挙地盤を安定させるために、選挙区や支持者たちに利益を配分する政策を重視するわけです。

一般的にいえば、利益配分に専念しながら与党であり続けることは容易ではありません。政府財政が危機に陥り、他の政党から攻撃を受けて政権を失うといった事態に至ってしまいます。しかし、戦後日本の政治には、極めて例外的な条件が与えられていました。それは、長期にわたる高度経済成長でした。長期政権を維持する上で、自民党にとって何よりの幸運だったといえるでしょう。高度経済成長は、おおむね一九五〇年代の末くらいから明らかにその時代に入り、一九七〇年代の前半に石油危機が来るまで続きました。

高度経済成長の時期には、日本の経済規模がどんどん拡大し、それに合わせて税収も伸びていきました。利益配分に用いることができる財源が潤沢にあり、それを与党である自民党が一手にとりしきるわけです。もちろん一九五〇年代であれば、都市と農村の社会基盤の格差や、太平洋側と日本海側の地域格差なども大きかったので、それを是正するとか、あるいは急激に人口が増大している三大都市圏の基盤整備など、誰が与党であっても進めねばならない政策は比較的自明でした。しかし、それが一段落する六〇年代、とくに半ば以降になると、急を要するわけではないが要望としては存在する政策、たとえば太平洋ベルト地帯以外への新幹線や高速道路の建設、各地の農地の水路整備や漁港整備などが、政治的な判断によって推進されることになります。

もちろん、自民党の幹部議員の一部や大蔵省は、それを好ましいとは考えませんでした。しかし、全体として財源がおおむね確保されている場合に、政策としての合理性が不十分な判断、政治的な判断だからといって、それを止めることは極めて困難でした。また、このような利益配分の仕組みが維持できたために、自民党は五五年から長いあいだ、党内分派を常に抱える緩い組織でありながら、権力を失うことなく単独政権を続けられたことも確かです。

ボトムアップの政策決定過程を通じて利益配分政治が行われるようになると、族議員と呼ばれる人たちが出現しました。族議員は政調部会において活躍し、所轄政策領域において専門知識を蓄えて、大きな影響力を行使するようになった議員を指します。公共事業を扱い、利益配分政治の御三家と呼ばれたのが、商工部会、農林水産部会、建設部会ですが、これらの部会に長期在任する族議員たちは、担当省庁（それぞれ通産省、農林水産省、建設省）の官僚と相通じながら政策を推進していました。たとえば実際に公共事業を実施するような場合に、東京の省庁にいる官僚たちは、現場にどういうニーズがあるか、あるいは業者がどのような工法を使いたいと思っているのか、といった情報を意外に持っていません。公共事業の対象地域に存在する細かいニーズの中には、政治家が汲み上げてくるものもたくさんあります。同時に族議員たちは、一つの政策領域を長らく扱っていますから、数年で担当が変わる官僚よりも、前例や制度について熟知している例も少なくありません。そこで、族議員と官僚が共同で政策をつくっていく仕組みが発達したのです。なお、族議員はその他の部会にもおり、たとえば外交部会には外交族、防衛部会には防衛族と呼ばれる議員もいました。利益配分政治に積極的に関与することは、族議員の必要条件というわけではありません。

族議員と官僚が共同で政策をつくり、そこに関係する業界がかかわっている、という政策過程のあり方をどう理解するのかについては、戦後日本政治をめぐる議論の中ではいろいろな見方があります。その中で長らく有力であったのは、基本的に官僚が政策過程を仕切っているという議論でした。官僚支配論とか官僚優位論と呼ばれる考え方です（たとえば、ジョンソン 二〇一八）。しかし、官僚の力だけで政策決定がなされている、自民党が関与しているようにみえても周辺的な存在に過ぎない、という見方には、やはりやや無理があるでしょう。長期単独政権を担う過程で、自民党の内部には安定した政策決定の仕組みが整い、個々の政策に関する専門知識も蓄積されていきました。それなしに官僚が政策を立案することも不可能ではなかったでしょうが、多くの国民を満足させたり、経済成長に役立つような政策にはならなかったのではないかと考えられるのです。族議員あるいは自民党が政策決定の唯一無二の主役かといえば、それもまた言い過ぎかとは思いますが、基本的な方向性を定め、個別具体的な決定を行う過程では、与党が中心になっていたのは間違いありません。このような見解は日本型多元主義論と呼ばれ、一九八〇年代以降、広く受け入れられるようになりました（村松 一九八一、猪口／岩井 一九八七）。

変革の試み

一九七三年に石油危機が起こり、高度経済成長の時代は終わります。しかしその前に、日本を取り巻く国際政治経済環境は変わりつつありました。最大の理由は、アメリカの地位変化です。

第二次世界大戦が終わった直後、アメリカは世界の国内総生産（ＧＤＰ）総額の五〇％程度を占めていました（猪木 二〇〇九）。アメリカ以外のすべての国家の国内総生産を合わせても、アメリカ一国と同じ水準だったわけです。自由主義陣営では、まさに唯一無二の超大国でした。そのアメリカは、第二次世界大戦が引き起こされた大きな原因の一つは、イギリスやフランスによる植民地の経済的囲い込み、すなわちブロック経済体制が、大きな植民地を持たないドイツや日本の不満につながったからだと認識していました。また、第一次世界大戦後のヴェルサイユ条約によって、敗戦国だったドイツに巨額の賠償金を懲罰的に課したことが、戦後復興を遅らせるとともに、ドイツの不満や復讐心を生み出したとも考えました。そこで第二次世界大戦後には、まず敗戦国に無条件降伏を受け入れさせ、政治体制の変革を進める代わりに過酷な賠償金などは課さないことにしました。

その上で、敗戦国を含め各国が受益できるよう、各国間協調と自由貿易を基調とする国際政治経済秩序をつくり出そうとしました。その考え方を具体化したのが、国連、国際通貨基金（ＩＭＦ）、現在の世界貿易機関（ＷＴＯ）の前身である関税と貿易に関する一般協定（ＧＡＴＴ）、そしてドルと金や各国通貨の交換レートを固定的に定めたブレトンウッズ体制などでした。アジアやアフリカの植民地も、次第に独立していきました。戦後日本の復興や経済成長は、これらアメリカが主導した国際政治経済秩序に支えられていました。

ところが一九六〇年代以降になると、戦後復興から経済成長へと移り始めたドイツ（西ドイツ）や日本をはじめ、自由な国際政治経済秩序の恩恵を受けた各国の台頭により、アメリカの経済力には衰えがみえ始めます。電機や鉄鋼といった重工業は競争力を失い、石油も国内産出量を使用量が上回るようになって輸入国に転じるなど、貿易赤字が生まれるようになります。国内の福祉拡充やヴェトナム戦争の影響もあって、財政も悪化します。アメリカは各国に対して徐々に不寛容になるとともに、ドルと金の交換停止や為替の固定相場制の放棄など、七〇年代に入ると国際政治経済秩序の維持をアメリカ一国ではなく先進各国が共同で担うよう求めるようになりました。

日本からみると、これは六〇年代後半の日米繊維摩擦としてまず表面化する動きで、繊維製品の輸出自主規制や沖縄返還交渉とのリンケージによって解決が図られたという理解になります。しかし、それはいわば氷山の一角であって、第二次世界大戦後の国際政治経済秩序が大きく変わる局面に至っていたのです。石油危機もまた、そのような大規模な秩序変動の中で、独立国となった産油国が自己主張を強めた結果でした。日本の高度経済成長は、国内市場と海外市場が車の両輪のように推進していました。その基礎条件の一つが、大きく掘り崩されていたのです。

先に述べた自民党の利益配分政治は、経済成長によって潤沢な財源が確保できることを前提にしていました。ですから、本来であれば一九七〇年代前半に経済成長が以前ほどではなくなった時点で、やめることを考えるべきだったのかもしれません。実際にも、七〇年代半ばには日本と世界が転換点にあるという認識を持つ政治家や有識者が現れます。七八年に首相になった大平正芳は、そのような政治家の代表格でした。大平は大蔵官僚から政治家に転じ、池田勇人の側近の一人になりましたが、読書家で知的な人物としても知られていました。彼は首相になると、多くの有識者が参画する研究会を創設して、今後の日本が直面する中長期的な課題を議論させました（宇野 二〇一四、二〇一八）。それと並行して、税制の大規模改革も試みました。戦後日本の税制は所得税などの直接税が中心で、経済が順調に成長し、個人や法人の所得が伸びているときには税収が増えやすいという特徴を持っていました。しかしそれは、経済成長が鈍化すると税収の伸び悩みにつながりますし、社会保障制度の拡充を進めていた当時の日本にとっては、景気や経済成長に左右されない税収構造に変革しておくことが必要でした。そこで大平は、今日の消費税と似た「一般消費税」構想を打ち出しました。

ところが一般消費税構想は、自民党外からはもちろん、党内からも非常に強い反発を受けました。税制に限らず、中長期的な課題への対応は、利益配分政治の中からは生まれてきにくいものです。そもそも、これまで二〇年ほど成功してきたやり方を変えることは、誰にとっても容易ではありません。ましてや、そのやり方によって数年に一度の選挙を勝ち続けてきた政治家にとって、短期的な損得よりも中長期的な課題を重視するというのは、ほとんど無理な注文ではないかと思われます。自分が当選するために利益配分を行い、それでずっと成功しているのですから、何十年か後の日本の社会のために変えようと言われても、なかなか承知できるものではありません。自民党がつくり上げてきたボトムアップの政策決定の仕組みは、政治家としての地盤が安定していない若手議員の影響力を大きくしていたために、中長期的な課題を優先させるには不向きなものでした。

それでも大平は、一般消費税の導入を訴えて一九七九年の衆議院選挙を戦いますが、自民党は大きく議席を減らしてしまいます。選挙後、大平は引き続き首相の座にとどまりますが、自民党内では大平への不満が強まりました。翌年には野党が提出した大平内閣不信任案に自民党の一部議員が賛成して可決される事態に陥ります。その結果、大平は衆議院を解散して再び総選挙に臨みますが、その最中に体調を崩して亡くなってしまいました。大平の没後、自民党内には激しい党内対立への反省の機運が強まりました。それに伴い派閥同士の競争関係も弱まり、政策路線をめぐる党内対立もあまりみられなくなりました。いわゆる総主流派体制が確立したわけですが、それは同時に、自民党議員の大多数が利益配分政治以外の選択肢を考えなくなったことも意味していました（北岡 一九九五）。

大平の死去は同情票を掘り起こしたといわれ、一九八〇年の選挙で自民党は勢力を回復します。その後、八二年に中曽根康弘が首相になりました。中曽根は、早くから外交・安全保障のタカ派論客として知られており、首相に就任すると「戦後政治の総決算」を唱えました。しかし、外交・安全保障に関しては日米関係を基軸としたオーソドックスな路線を選択しており、当時の主要国間の国際協調に必要な政策を展開したと評価すべきだと思います。従来の政策路線からの変革は、むしろ内政面で多く試みられました。その中で、政府の関与による弊害が目立ち始めていた国鉄や電電公社を民営化するなど、行政改革による公共部門の役割縮小に着手したのは大きな成果でした。それまで、福祉国家建設など政府の役割を大きくする一方であった流れを逆転させたわけです。このような政策の方向性は「小さな政府」志向の新自由主義あるいは新保守主義と呼ばれ、同じ時代にアメリカ、イギリス、ドイツなどで試みられていたものと重なっていました（大嶽 一九九三）。しかし、教育改革はほとんど成果が挙がりませんでしたし、大平に続いて大型間接税を導入しようとしますが、やはり反対が強くてうまくいきませんでした。大型間接税である消費税は、中曽根の次の首相である竹下登によって、八九年にようやく導入されました。

五五年体制の爛熟

大平や中曽根が変革を試みた根底にあった認識は、戦後日本の政治や経済、社会のあり方が、このままでは早晩うまくいかなくなるというものでした。それは当然ながら、自民党が得意としてきた利益配分政治の行き詰まりにつながることも意味していました。一九八〇年代になると日米経済摩擦も深刻化していましたが、それは日本製品がアメリカ市場に氾濫していることが問題視されるという初期の構図から、日本の規制や非関税障壁によってアメリカの製品や企業が日本市場に入れないことを批判されるという構図に変わっていました。ここでもまた、日本の政治・経済・社会が問題にされていたのです（佐々木 一九八七）。

しかし、一部のトップリーダーの危機感は、自民党内で大勢を占めるには至らなかったというべきでしょう。自民党議員たちのみならず、有権者の多数にとっても、現状はうまくいっているように思えたからです。一九八〇年代に入ると、日本の社会全体に自己肯定や現状肯定の雰囲気が広がります。終戦直後のあれほどひどかった状況から立ち上がり、単に復興しただけではなく、著しい経済成長を遂げて世界の主要先進国の仲間入りを果たした、その過程で個々人の生活は豊かになり、都市と農村、太平洋側と日本海側の格差なども大幅に縮小した、これは素晴らしいことだというしかないではないか、という認識です。それが頂点を迎えるのがバブルの時代で、もはや世界の主要国よりも日本の方が優れている、という考え方さえ出現します。自民党政治に対する評価も向上し、戦後ずっと社会党など左派政党の支持基盤であった労働者層でも、自民党への支持が上回るようになりました。このような雰囲気が有権者の間に強まってきているときに、とくに自分自身も戦後の社会経済のあり方、政治のあり方を前提に当選し、日々の活動をしている自民党の議員たちが、これからの変化のためにできるだけ頑張ろうと口では言っても、実際に行動を起こさなかったことは何の不思議もなかったというべきでしょう。

今から振り返れば、石油危機からバブルが崩壊するまでの一五年ほどの期間というのは、日本の社会や経済にまだ十分な活力があり、だからこそ将来のための布石ができた時期ではありませんでした。後知恵的に振り返れば、少子高齢化に伴う社会保障制度の持続可能性、女性の社会進出を阻む企業や社会の諸慣行の変革、独創性を重視する知識集約型産業が台頭する時代に見合う教育制度の構築など、当時からそれぞれの専門家の間ではその趨勢が知られていた課題ばかりだったようにも思われます。辛うじて低い税率の消費税は導入したものの、全体としてこの時期に十分な手を打ちきれなかったことは、その後の日本の社会経済にとって非常に大きなマイナスの影響を及ぼしたといわざるを得ません。

近年、バブルが崩壊してから今日に至る期間を「失われた二〇年」と呼ぶことがあります。しかし、実はほんとうに失われた時間は、ここにあったのではないかという気がしてなりません。

一九七〇年代に二度の石油危機を乗り切ってバブルに向かっていく時期、日本の社会にあった多幸感。それが先を見越した展望を打ち出しにくくしていました。その影響に、やがて苦しむことになるのです。本来であれば、一般の有権者には見通せない遠い将来の展望を与え、ネガティヴなものであってもそれを語り、有権者を説得することが政治家の重要な役割です。とくに、自民党のトップリーダーにはその責任がありました。ですが、ボトムアップの政策決定過程による利益配分政治と、その疑いようのない成功は、日本の政治から暗い将来や難しい課題を語る機会を奪ってしまったのです。

そのことがはっきりと分かったのは、冷戦が終わり、それとほぼ時を同じくしてバブル経済が崩壊した後のことです。最初の課題は外交・安全保障でした。一九八九年にベルリンの壁が崩壊し、ヨーロッパの共産圏諸国は次々と体制変革に着手して、冷戦が終結しました。その直後には、世の中がもっと幸せになるかもしれないという希望が、世界中に広がっていたように思われます。冷戦の終結は核戦争の恐怖、世界が終わってしまう恐怖からの解放でもあったからです。共産主義はなくなり、これからの世界は自由主義に覆われて、人々は世界のどこでも自由に自己実現できるようになるという議論もありました。しかし、冷戦後の世界がそう一筋縄ではいかないことが、比較的すぐに分かります。というのは、冷戦時代にはアメリカとソ連の力によって世界中で抑えつけられていた、それぞれの地域でナンバーワンを目指す勢力が、各地でその動きを噴出させたからです。

その最初は、一九九〇年に起こったイラクのクウェート侵攻をきっかけとする、九一年の湾岸戦争でした。クウェートは確立された主権国家であり、そこに隣国であるイラクが軍事力を送って併合するなどというのは、第二次世界大戦後の国際秩序の下では絶対に許されないことでした。そのような行動に対しては、当然のことながら国際社会がそれに対応することになります。冷戦が終わり、アメリカとロシア（旧ソ連）の対立がなくなっていたお陰で、国連は積極的な役割を果たすことができました。すなわち、安全保障理事会でイラクを非難する決議を、アメリカだけではなくロシアも加わりながら行い、決議にもとづいてアメリカが中心の多国籍軍を編成し、湾岸戦争に臨みます。このときの多国籍軍は単純な有志連合ではなく、国連安保理決議による根拠を与えられた存在でした。しかし日本は、必ずしもうまく対応できませんでした。多国籍軍に自衛隊が参加することは、海外での軍事力行使だと考えられており、従来の憲法解釈からは不可能でした。そのため、最終的には巨額の資金を拠出することで対応しましたが、その決定にも長い時間を要しました。

冷戦の終結は、憲法が前文その他で唱える国際協調主義と、第九条に定める戦争放棄との関係を顕在化させました。冷戦期であれば、日本の安全保障はアメリカとの同盟関係に依存しつつ、国外での軍事力行使はアメリカの行っている戦争に加わることと同じだという論理で、国際協調主義とは切り離して否定することが可能でした。しかし、冷戦の終結によって国連が軍事力を含めた平和構築に積極的になると、国際協調主義の観点から軍事力を使うという選択肢が生まれてきたのです。

国連平和維持活動（ＰＫＯ）への関わりは、まさにその典型でした。ＰＫＯは、地域紛争からの秩序回復の過程でなされます。世界の主要国はほとんどが積極的に協力し、要員を出しているわけですが、それはもちろん各国の軍隊です。日本も協力するとすれば自衛隊を出すしかありませんし、国際社会における日本の地位から考えれば、協力することが望ましいことも明らかでした。ところが、その期待に応えようとすると、長いあいだ日本国内に存在してきた憲法第九条の解釈との整合性がなくなってしまうというわけです。

このように、時代が昭和から平成に変わる頃、戦後日本の政党政治を支えていた諸条件は根底から揺らぎ始めていました。冷戦下での利益配分政治という心地よいまどろみから目覚めて、環境変化にどう対処するのかが、日本政治にとっての大きな課題となります。

第6章　現代日本の政党政治

1　制度的条件の変革

改革ムードの醸成

前章において、五五年体制下の自民党が利益配分政治を完成させたことを示しました。冷戦の終結やバブル崩壊後の日本社会の変化は、支持者への利益配分を一生懸命続けてきた自民党の多数派にとって、あまり見たくない現実だったかもしれません。もちろん、一九七〇年代に課題を認識していた大平正芳や、八〇年代に一部とはいえ変革に着手した中曽根康弘など、トップリーダーたちは長期的展望を持っていました。彼らは傑出した政治家であり、だからこそ首相の地位にまで登りつめることができたわけで、将来を見通す能力にも長けていました。

同じことは、一九九〇年代初頭に首相になった宮沢喜一についてもいえます。宮沢は大蔵官僚出身、池田勇人の側近として台頭した政治家ですが、首脳レヴェルでの対話や国際交渉でも全く不自由しないほどの英語の使い手で、国際情勢にも通じており、戦後日本の政治家としては最高水準の知性でした。しかし、首相としてはバブル崩壊への対応に失敗し、さらには選挙制度改革をめぐる党内対立を抑えられなかった末に、内閣不信任決議を可決されてしまいました。彼は、冷戦終結やバブル崩壊が戦後日本政治の環境条件を大きく変えることを把握しており、対応せねばならないことも分かっていました。しかし、ボトムアップを基調とする自民党内の意思決定は、トップリーダーの意向で動く仕組みではありませんでした。もちろん、中曽根がある程度まで実現できたように、リーダーが明確な意思を持っている場合には影響力を行使する余地が残されていました。その意味では、宮沢は現状認識の能力は優れていたのでしょうが、その認識にもとづき強い意思で政策を展開する能力は十分ではなかったといわねばなりません。

そのような宮沢の弱さを指摘することは難しくありませんが、しかしより大きな要因としては、利益配分政治があまりに成功してしまったために、自民党が全体として環境変化に対応する能力を低下させていたことを指摘すべきだと思われます。環境変化に適応する能力が低下したのは、自民党を長期にわたって政権党として成功させてきた、ボトムアップによる利益配分政治の一つの帰結でした。さらにいえば、その根底にある五五年体制そのものの影響でした。だとすれば、それを合理的な行動にしている要因について、変革が必要だという議論が出てくるのは当然のことだったといえるでしょ

う（佐々木／二一世紀臨調 二〇一五、清水 二〇一八）。

最も重要な鍵とされたのは、選挙制度でした。中選挙区制にはさまざまな弊害があることは以前から指摘されており、とくに自民党内の候補者間競争が必要な政治資金を増大させ、政治腐敗につながっていること、また比例性の高さゆえに政党間の勢力変動が乏しく、政権交代が起こらないことで、長期単独政権の下において政策の受益者が固定化されていることなどは、一九八〇年代末や九〇年代初頭においてすでに常識に近い理解でした（谷口 二〇一二）。八九年にリクルート事件という政財界を巻き込んだスキャンダルが起こりました。この事件は、自民党の主要政治家に公開前の株式が安価で譲り渡され、それが公開後に値上がりすると多くの政治家が売却益を得ていたというものでした。バブル景気の最中、株価は一本調子で上昇していましたから、実質的には不正な政治献金に当たりました。リクルート事件への批判は、消費税導入への反発などと並んで八九年の参議院選挙で自民党過半数割れを招きますが、選挙制度改革の機運を高めることにもつながりました。

しかし、このときに決定的な意味を持ったのは、中選挙区制の弊害が大きすぎるとして改革を主張する勢力が、自民党の中枢部から出てきたことです。具体的には、当時の最大派閥であった竹下派（経世会）の幹部となっていた小沢一郎や羽田孜が、選挙制度改革を提唱するようになったのです。小沢は幹事長として一九九一年の湾岸戦争を経験し、自民党をはじめとして日本政治全体の意思決定があまりにもコンセンサスを重視しすぎており、機動性を失ってしまっていることを痛感したといわれています。もちろん、竹下派内や自民党内での権力争いの要素もあったでしょう。これに加えて、武村正義ら当選回数の少ない一部の議員にも熱心な改革論者がおり、長老であった後藤田正晴や伊東正義の支援を得ていました。八〇年代末から、経済界やマスメディアの一部には選挙制度改革を求める動きが本格的に出てきていましたが、九〇年代初頭にはこの動きに呼応する勢力が自民党にも現れたのでした（薬師寺 二〇一四）。

また、同じ時期には別の注目すべき動きも現れます。それは、一九九一年二月まで熊本県知事だった細川護煕が、地方分権などを中心とする政治改革を唱えて国政への関与を始めたことです。細川は、鎌倉時代にルーツを持ち戦前には侯爵家であった名門の出身であり、自民党参議院議員も務めていた人物であって、政治家としてのキャリアにおいて革新系だったことは一度もありませんでした。その彼が、月刊誌『文藝春秋』に公表した論文「「自由社会連合」結党宣言」において、自民党に代わる勢力を築き、一〇年以内に政権交代を実現すべきだと主張したことは、多くの有権者に清新な印象を与えました。細川は自らの主張を実現すべく、九二年五月に日本新党という政党を創設します。その直後の参議院選挙において、比例区で七％以上の得票により小池百合子ら四人の新人をいきなり当選させたことで、細川と日本新党は政治改革の中心的存在になっていきます。参議院の選挙制度は、一九八三年から全国区に代わって比例区が設置され、全国を単一の選挙区とする拘束名簿式比例代表制が導入されていました。細川の日本新党は、結成間もない小政党であっても勢力を獲得しやすい比例代表制の特徴を、巧みに活用したのでした。

選挙制度改革

選挙制度改革は、このような改革機運の高まりの中で取り組まれたものでした。中選挙区制の下で生じていた自民党候補者のいわゆる同士討ちや、それに伴う政治腐敗だけが問題だったのであれば、比例代表制への変革もありえました。実際にも、当時の主要野党や一部メディアには、比例代表制あるいは比例代表を中心とした混合選挙制度への移行を主張する動きもみられました。しかし、比例性が高い選挙制度の場合には、政党間の勢力分布は中選挙区制の場合とそれほど大きくは変わらず、起こったとしても自民党の長期単独政権から自民党中心の連立政権への変化にとどまっていたと思われます。それだけだと、八〇年代後半以降に目立つようになっていた利益配分政治の行き詰まりや、政策の受益者の固定化といった問題に対処できたかどうかは疑問です。与野党の全面的な入れ替わりを導く政党間競争が必要であり、それを政策次元で行っていくべきだという立場をとるならば、比例性そのものを低める小選挙区制あるいは小選挙区中心の混合制への移行が必要であるという主張は、理論的根拠を欠くものではありませんでした。

しかし同時に、改革前にすでに議席を得ている政治家からみれば、どのような変革であれリスクを伴うことも確かです。当時の野党は、小選挙区制になると自民党が圧倒的に力を持つだろうと恐れました。一九七〇年代後半以降の自民党は、あらゆる職業カテゴリーや年齢層から満遍なく支持を集める「包括政党」になりつつありましたから、そのような懸念は全く根拠がないものではありませんでした。他方で小選挙区制は逆の動き、つまり非自民の政党がブーム的な支持を巻き起こして、自民党の勢力を一気に壊滅させてしまう、あるいはそれほどでなくとも自民党が政権を失う可能性もある制度です。その意味では自民党の議員にとっても恐ろしい変革なのであって、当時の自民党議員の多数派は中選挙区制継続が本音だったのかもしれません。

そこで小選挙区制導入論者であった小沢らは、自民党内の中選挙区制継続派に「守旧派」のレッテルを貼り、改革機運を無視する人々であるという印象をつくり出します。印象操作といえば聞こえが悪いかもしれませんが、政治過程の主導権を握ろうとする人々の間の争い、すなわち権力闘争の一部としては、ごくありふれた手法だというべきでしょう。そして、選挙制度改革に熱心ではなかった宮沢内閣の不信任案に賛成し、可決するとともに自民党を離党します。小沢や羽田が中心となって結成した新生党は、一九五五年の保守合同以降、最も大規模な自民党からの離党行動でした。同時に、武村らも離党して新党さきがけを結成しました。九三年七月の総選挙の結果、新生党に日本新党と新党さきがけ、そして社会党などが連立した細川内閣が成立します。自民党は結党後初めて野党になりました。ここに、五五年体制は終わったのでした。

細川内閣は非自民非共産勢力の結集による連立政権でしたので、それまで社会党や公明党が主張していた比例代表制も、部分的に導入することになりました。連立与党の相対第一党でありながら、社会党は外交・安全保障政策を中心にその主張をほとんど通すことができず、それが政権を短期間に崩壊させる遠因になりますが、選挙制度改革については一部とはいえ受け入れさせました。かくして、小選挙区と比例代表を組み合わせつつ、より多くの議席を小選挙区から選出する小選挙区比例代表並立制の導入に至ったわけです。

小選挙区比例代表並立制は、混合並立制という言い方もされるように、小選挙区制と比例代表制という意図の異なる二つの選挙制度を、単純に組み合わせたものです。有権者は二票を持ち、小選挙区と比例代表のそれぞれについて投票を行います。日本の場合、比例代表で各政党が獲得した議席で誰を当選させるかについて、重複立候補制や惜敗率による復活当選制を定めていますし、比例代表についても地域（ブロック）ごとに選挙区を設置しているなど、少し特色があります。しかし全体としてみれば、混合並立制の基本的性格は保たれています。このような仕組みは韓国や台湾などでも採用されていますし、混合制は一九九〇年代以降の流行ともいえます。少なくとも、中選挙区制に比べれば目的の明確な選挙制度で、世界的な潮流に背を向けた選択ではありませんでした。

とはいえ、意図が本来異なる選挙制度を組み合わせることが、両者の良いところをとることにつながるかといえば、それは保証の限りではないのです。むしろ、小選挙区制を重視する観点からは小政党が残存しており、比例代表制を重視する観点からは死票が多いなど、どっちつかずで望ましくない結果になっている部分もあります。塩と砂糖を混ぜて振ったものを、意図した味を出せる調味料として使えるかどうかといわれれば、難しいでしょう。辛さと甘さが混じり合ってしまい、どのような味になるかの予測が困難だからです。混合制、とくに混合並立制には、そのような問題があると考えられます。また、すでに第３章で言及したことですが、選挙制度は個々の政治家の誘因構造に対して影響を与えます。そのため、異なる選挙制度を一つの議院の中で併用すると、異なる誘因構造を持った議員が議会を構成することにつながります。誘因構造が異なる議員は、同じ政党にいても違ったことを目標にして行動する可能性があり、そのことが政策を決める上での制約要因になる恐れもあるのです。

細川政権が誕生したのは中選挙区制で行われた一九九三年衆議院選挙の結果によるものでしたから、この点を取り上げて、中選挙区制でも政権交代は起きると主張する人がいます。選挙制度の理論上は、比例性が高い選挙制度は連立政権につながりやすいわけですので、その指摘は間違いではありません。しかし、日本の五五年体制の場合には、比例性の高い選挙制度の下で自民党が単独過半数政党になったことが長期政権の大きな原因であり、新生党と新党さきがけが登場して分裂した後の選挙であっても、自民党は依然として他の政党に一五〇議席程度の差をつける圧倒的な第一党でした。仮に中選挙区制を継続していれば、非自民の諸政党がよほど巧みに協力しない限り、自民党は次の衆議院選挙で過半数を回復し、単独政権に戻っていた可能性が大きかったであろうと思われます。

執政制度改革

一九九〇年代以降に進められた改革は、選挙制度改革だけではありませんでした。後に述べますが、地方分権改革や司法改革なども行われ、日本の公共部門は全体として大きく変貌します。さらに、厳密には中央政府に含まれないものの、中央政府とのインターフェイス（接平面、接点）が大きな部門、たとえば中央銀行である日本銀行や特殊法人、国立大学なども大きな変革を経験しました。まさに包括的な政治改革が進められた時代であり、むしろ政治改革という言葉すら意味として狭すぎるほど広範囲の変革が進められた時代だったのです。

その意味では、改革の機運が選挙制度の変更に矮小化されたとか、あるいは日本の政治や社会に自己改革能力がないという議論は的外れです。また、これほど大規模な公共部門全体の変革は、政府の基本構造に大きな影響を与えずにはおきませんから、実質的な憲法改正に当たるといっても差し支えありません。実際にも、一九九〇年代から二〇〇〇年代初頭の有権者は、憲法改正といわれて政治制度改革をイメージする傾向が強まっていたことが、最近の研究で明らかになっています（境家 二〇一七）。憲法改正をめぐっては、護憲か改憲かがしばしば注目されますが、そのような二分法はこの時点ですでに時代遅れになったというべきでしょう（駒村／待鳥 二〇一六）。

政府の基本構造の変革として一九九〇年代以降の政治改革を捉えるときに、選挙制度改革と並んで大きな意味を持つのが、執政制度改革です。選挙制度と執政制度が基幹的政治制度として、代議制民主主義における委任と責任の連鎖のあり方を強く規定することは、第3章をはじめとする本書の随所で、すでに述べてきたところです。選挙制度は、有権者が誰を政治家として選任し、政治権力を委任するのか、その委任をどのように終わらせるのかを規定するルールです。執政制度は、複数選任された政治家や、官僚など選挙によらずに政府の運営に携わる人々の間に、いかなる委任・責任関係あるいは分業関係を形成するのかを規定するルールです。これら二つのルールが変われば、代議制民主主義としての内実にも変化が生じます。

執政制度改革は、一九九六年に発足した橋本龍太郎政権の時期に、内閣機能強化と行政改革という形で進められました。橋本は自民党竹下派の出身であり、若手議員時代から厚生族として頭角を現し、小沢や羽田らとの派内対立に際して自民党に残った側の政治家でした。つまり九〇年代初頭に「守旧派」扱いされたグループだったわけですが、むしろそうであるからこそ、与党・内閣・官僚の間の関係を変化させる必要を実感しており、もう一つの基幹的政治制度である執政制度の改革に着手したのだと思われます。

橋本は総理府に行政改革会議を設置し、自ら会長に就任するとともに、現職やOBの官僚はメンバーに入れずに議論を進めて、大胆な改革案を打ち出します。具体的には、内閣官房の拡充や内閣府の創設、それらで所轄する課題を扱う特命担当大臣ポストの創設、首相補佐官ポストの制度化、そして大規模な省庁再編などが提唱されました。行政改革会議の最終報告にもとづき、一九九八年に中央省庁等改革基本法が制定され、その他の関連法も加えて、二〇〇一年一月から大規模な変革が実施に移されました。これらは議院内閣制の枠内ではありましたが、日本の執政制度の内実を大きく変えることになりました。

大蔵省が財務省に名称を変更したり、あるいは建設省と運輸省などが統合されて国土交通省が発足したり、といった省庁再編に当初は注目が集まりましたが、改革の中核部分は内閣機能強化でした。五五年体制下の政策過程は、中選挙区制の選挙制度に規定された自民党のボトムアップの意思決定と、自律性の高い各省庁との組み合わせによって成り立っていました。各大臣は内閣という合議体を構成していながら、分担管理原則というルールによって所轄省庁の扱う事柄に首相を含めた他の大臣の介入を許さないことになっており、これを楯にして省庁の官僚は所掌事項についての自律的判断を行ってきました。このような政策過程を「官僚内閣制」と呼ぶ場合もあり、そこには首相と内閣の出番はほとんどないと考えられていました（飯尾 二〇〇七）。しかし、自律的判断といっても実際には内閣の介入を受けないだけで、与党である自民党の族議員とは密接な協調を図ってきたことは、先にみた通りです。もちろん実際には首相のリーダーシップが皆無だったとまではいえませんが、全体的には族議員と各省庁により政策が展開されており、複数の省庁にまたがるような案件や政策領域間（省庁間）の調整が必要な案件は停滞しがちでした。

内閣機能強化は、これらの案件を内閣官房や内閣府において担うこととし、首相の意向を強く受けた特命担当大臣と、各省庁や民間から内閣府に集められた官僚が政策を形成することを目指したものでした。つまり、従来型のボトムアップで個別的な政策決定の範囲を縮小し、首相を起点とするトップダウンで総合的な政策決定を増やすことが、改革の狙いだったのです。このような総合的な政策決定の司令塔が首相官邸で、実際にも官邸はそれまでの洋館から、二〇〇二年に大きなビルへと建て替えられ、延床面積は三倍以上になりました。省庁再編も、従来であれば細かく分かれていた政策領域をまとめて所轄する省庁をつくることによって、政策決定に際しての視野を広げることを狙うという意味では、同じ狙いがありました。たとえば、雇用や労働条件を扱う労働政策と、退職後の年金や育児を含めた家族を扱う社会政策は、整合性が確保されることが望ましいのですが、従来は労働省と厚生省に分かれて政策を展開してきたため、矛盾をきたす恐れがありました。同一省庁にすることで、整合性を確保する可能性を高めようとしたわけです。それでもなお一つの省庁に収まりきらないような課題や、省庁間の利害対立が予想される課題、政権として重点的に取り組みたいと考える課題については、内閣府で扱うことになりました。

このような改革は、政策過程における首相と内閣の役割を強めることを意味していますが、それは選挙制度改革と同じ方向を目指すものでした。衆議院に導入された小選挙区比例代表並立制は、比例代表が含まれているために、政党システムの変化に与える効果は減殺されていました。小選挙区については有効政党数が減少して上位二党の競争になることが明らかだったものの、比例代表で小政党が残存すると考えられたからです。しかし、上位二党を構成するような大政党の内部組織は、以前とは大きく変わると想定されました。大政党は小選挙区で大量の当選者を出さねばならず、比例代表についても重複立候補と惜敗率によって当選者が決まる以上、大政党に所属する政治家は小選挙区を優先した行動をとります。そうなると、上位二党の公認を得ることが決定的な意味を持つようになりますので、公認権を持つ執行部（幹部）のリーダーシップが強まるわけです。党内の意思決定過程はボトムアップではなく、重要案件ほどトップダウン、すなわち執行部の意向に即して進められることになります。与党であれば、執行部の中心にいるのは首相である党首です。大政党の内部組織が集権化し、意思決定が党首からのトップダウンになることと内閣機能強化は、表裏一体の動きだったと理解すべきでしょう。

異なる方向性の混淆

ここまで述べてきたように、選挙制度改革と執政制度改革は、ともに日本政治における意思決定をボトムアップからトップダウンに変え、首相を中心とした比較的少数の人が政策の基本的な方針を決めて、それを個々の政策決定に展開することでスピードアップを図り、新しい環境条件に適応しやすくしようという意図から進められたものでした。自民党の長期単独政権下の利益配分政治が行き詰まり、社会経済環境と国際環境の変化に応答する能力を低下させているという認識が基礎にありました。打ち出した改革の方向性が妥当であったかどうかについては、さまざまな評価が可能ではあります。しかし、認識した課題と改革の内容は論理的に破綻しておらず、発想として十分に成り立っていたということはできるでしょう。

先にも述べたように、一九九〇年代以降にはほかにもさまざまな改革が進められていました。地方分権改革や司法改革、中央銀行制度改革（日銀法改正）などは、いずれも選挙制度改革や執政制度改革と近い課題認識から出発していました。すなわち、八〇年代以前の状況について、関係するアクター間の結びつきが強くなりすぎており、本来であれば自律性を持つべきアクターが他のアクターの過剰な影響力行使を受けていること、また意思決定に参画するアクターが固定されすぎてしまい、アクターごとの有利不利が顕著になっていることが問題だと考えていたわけです。地方自治体や日本銀行は、中央政府の影響力行使に対する自律性を強めるべきアクターであり、政権交代などを通じて自民党や省庁以外と近い関係にある利益集団や非営利組織（NPO）、非政府組織（NGO）などの影響力も拡大すべきだという考え方です。それによって、日本の政治と社会の全体的な透明性を高め、どこで物事が決まっているのか分からない、誰が加わっているのかも見えないまま内輪で物事を決めている状態から離れることを目指しました。言い換えれば、利害当事者をはっきりさせ、意思決定に参加するアクターを明確化するとともに、参加したアクターには説明責任を求めるようにすることを意味していました。

地方分権改革は地方レヴェルでの意思決定と政策の関係を明確化し、政治アクターの説明責任を高めます。中央銀行制度改革としての日銀法改正は、日本銀行の独立性を高めるとともに金融政策に対する説明責任を明確化することになります。いずれの場合にも中央政府、より端的には自民党政権と自治省や大蔵省といった官僚が、地方自治体や日本銀行に対して陰に陽に行使してきた影響力を弱めることになるからです。しかし、このような改革は同時に、日本の政治あるいは公共部門の活動を全体としてみた場合に、権力を分散させて自律性を持つアクターを増やすことでもありました。権力と自律性を持つアクターは、自らが関係する意思決定について事実上の拒否権を持ちます。地方自治体の首長や日銀の総裁は、他のアクターとは異なる選出方法で決まるので、当然ながら異なる政策的立場を持ってもいます。そのようなアクターが拒否権を与えられるのですから、選挙制度改革や執政制度改革において意図されていた、政権中枢部にいる少数のアクターが迅速に意思決定を行い、それを政府全体に及ばせるという方向とは異なる動きになります。

つまり、一九八〇年代まで密接な協調関係にあった諸アクターの間で、与党の政治家相互間の関係や政治家と官僚の関係については集権性を高める一方、中央政府と地方自治体や中央銀行の関係については権力を分散させる改革が進められたわけです。結果的に、同じような課題認識から出発していながら、改革として示された処方箋は異なる方向を目指しており、相互に矛盾しかねないという事態が生じてしまいました。

その大きな理由は、改革そのものが八〇年代までの意思決定の方法、すなわち領域ごとに議論を積み上げて物事を進めるという方法でなされたからなのだろうと思われます。同じ問題であっても、その具体的な現れ方が同じではないこともあって、それぞれの領域で答えの出し方が違うわけです。改革に際して、今後の日本の公共部門を全体としてこうしたいという基本設計、グランドデザインがなかったとまではいえないでしょう。行政改革会議最終報告が司馬遼太郎に倣って用いた言葉を使えば、「この国のかたち」への意識はあったと思います。しかし、関係する多数のアクターの同意を取りつけ、改革を具体化していくためには、各領域で最も深刻だと思われた課題への対処としての側面を優先させざるを得なかったのだろうと考えられます。一から新国家、新政府をつくり出していくのではなく、長らく活動してきて、課題も見つかっているけれども基本的には機能している政府を変革するのですから、これは仕方がないともいえます。しかし、変革の方向性が一つに定まらなかったことの影響は、やはり後々出てくることになりました（待鳥 二〇一八、Machidori 2015）。

また、改革がなされないまま残った領域もありました。最も顕著なのは国会です（野中 二〇一六）。議会の自己改革能力は一般に低いと考えられています。もちろん、一九七〇年代のアメリカ連邦議会のような顕著な例外もあり、自己改革が常にできないというわけではありませんが、及び腰になりやすいことは否定できません。日本の国会の場合も、選挙制度改革は広い意味での自己改革だといえるかもしれませんが、国会運営についての改革はほとんど行っていません。党首討論の導入や政府委員（官僚）の答弁禁止など、一部に新しい試みもなされましたが、根づかないままに終わっています。とくに、衆議院と参議院の間の関係、内閣と国会との関係については、政治改革が大規模かつ広範囲に進められた一九九〇年代以降にあっても、変わることがありませんでした。参議院の選挙制度もほぼそのまま維持されました。

選挙制度改革と執政制度改革によって中央政府内部の集権化が図られた以上、両院間の権限関係も参議院の選挙制度も変えないのであれば、問題が起こることは当然だったというべきでしょう。小選挙区中心の選挙制度により衆議院を基盤にして強力な政権をつくり、内閣機能強化に依拠して官邸主導で政策を立案するという仕組みにしても、参議院がそれを拒否できるようでは迅速な意思決定にはつながりません。

この問題は、衆議院における政党システムが緩やかながら二大政党制に近づくにつれて、多党制のままである参議院との多数派のズレという形で顕在化しました。いわゆる「ねじれ国会」の問題です。この問題に対処するため、衆議院ではその必要がないにもかかわらず、参議院での多数派を確保するために連立を組む現象がみられるようになります。一九九九年に当時の首相である小渕恵三が、自由党・公明党との連立政権を発足させたのがその皮切りでした。もちろん、連立政権には連立政権の長所があるわけですが、それは選挙制度改革や執政制度改革に際して想定したことでは必ずしもありません。連立政権による政策決定が望ましいと考えるのであれば、そもそも小選挙区中心の選挙制度ではなく、比例代表中心の選挙制度にすべきでした。衆議院に小選挙区中心の選挙制度を導入しておきながら、参議院の権限をそのままにしてしまったために、多党制を前提にした連立政権が恒常化するという事態になったのは、大きな矛盾であったといわねばなりません。

2 政治改革の帰結

基幹的政治制度改革の効果

一九九〇年代以降の政治改革が政党政治に与えた帰結を考える上で、まず指摘すべき点は、選挙制度と執政制度という二つの基幹的政治制度の改革がもたらした効果は、やはり大きかったということです。

まず、政党システムからみていきましょう。中選挙区制の下では、比例性が高いために、本来ならば多党制と連立政権がもたらされるはずでした。しかし、繰り返し指摘してきたように、保守合同によって単独過半数政党としての自民党が成立したために、比例的な選挙制度の効果が、与党である自民党には選挙結果の変動幅が小さいという面に表れて長期政権となり、社会党をはじめとする野党には小政党が生き残りやすいという形で作用して多党化する結果になりました。与党は利益配分政治によって一体性を維持できましたが、野党にはそれができなかったからです。参議院においても、旧全国区や比例区、および改選定数二以上の選挙区（旧地方区）は比例性が高いため、改選定数一の選挙区が選挙結果の変動を大きくするスウィング効果はあったものの、選挙制度を全体としてみれば比例的でした。結果的に、単独政権が続いているが有効政党数は多いことが、五五年体制下の政党間関係の特徴となったのです。サルトーリの言葉を使えば、一党優位政党制です。

選挙制度改革は、小選挙区の定数が多い混合並立制を導入することで、衆議院の選挙制度が持つ比例性を大幅に低下させました。想定される政党システムは、比例代表部分の存在によって小政党は残存するものの、上位二党の議席占有率は従来に比べて上昇する、二大政党制に近似したものでした。二大政党間の政権交代も起こると考えられました。実際にも、一九九六年の衆議院選挙で羽田政権時代の与党が中心となって新進党を結成して以来、自民党ともう一つの政党が政権をめぐって争う総選挙が多くなりました。そして、二〇〇九年の衆議院選挙では自民党中心の連立から民主党中心の連立へと、与野党が完全に入れ替わる政権交代が起こりました。さらに、二〇一二年には逆に、民主党から自民党と公明党の連立へと、再度の政権交代が生じました。上位二党の議席占有率は、野党の多党化が進展し始めた一九七〇年代以降には平均で七五％を切っていましたが、選挙制度改革後は二〇〇三年から〇九年まで八〇％を超えるようになり、有効政党数も二・五以下へと低下しました（図6－1参照）。上位二党の間での勢力変動があり、それはときに大きなスウィングとなっていますが、全体としてみれば、二大政党と規模が全く異なる小政党が組み合わさった政党システムだといえます。た

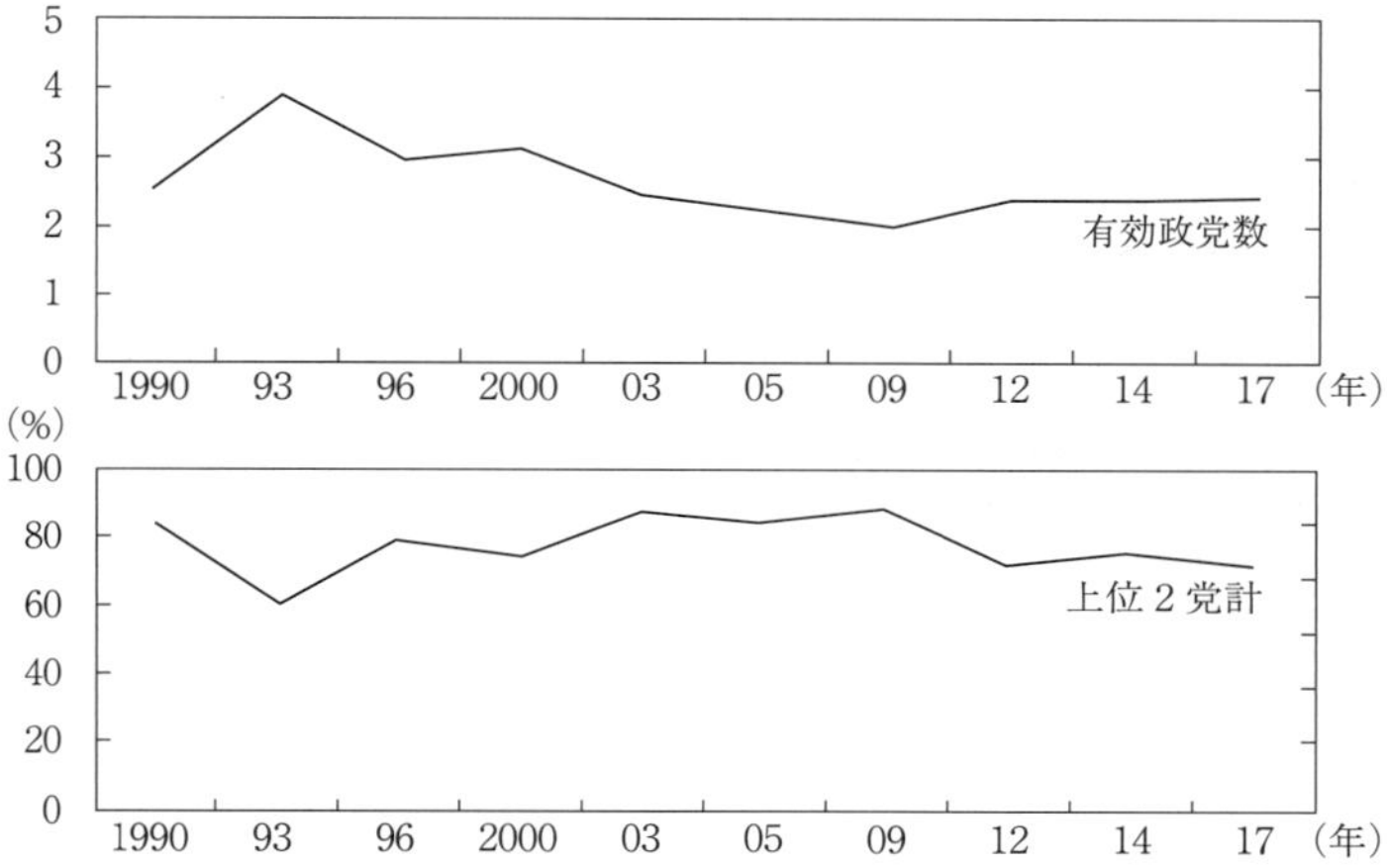

図6-1　衆議院における有効政党数と上位2党議席占有率（1990〜2017年）

（注）衆議院選挙後の特別召集日における会派議席数にもとづく。議長と副議長が党籍離脱した場合にも、元の所属会派に含む。

（出典）1993年選挙までは石川・山口（2010）。1996年選挙以降は同書が選挙結果確定日から特別国会召集日までの異同を示さなくなったため、2014年までは『衆議院の動き』（各年版）の数値から、2017年は特別国会召集日の新聞記事から、筆者作成。

だし、自民党と政権を争うはずの第二党が、新進党・民主党・民進党・立憲民主党と頻繁に入れ替わっており、民進党まではそれぞれ政党としても長続きしなかったことや、有権者の政権担当能力に関する認識などに注目して、二大政党化は頓挫したと指摘する論者もいます（増山 二〇一三、山田 二〇一七）。

次に、政党組織についてはどうでしょうか。小選挙区と比例代表を並立する選挙制度改革は、どの政党においても集権化の可能性を高めるものでした。所属政党の公認候補者になることが、小選挙区であれ比例代表であれ、議席を獲得するにはほぼ必須だからです。小選挙区では無所属での立候補も可能ですが、重複立候補ができないなどの制約があるほか、極めて高い知名度や人気があって個人集票できない限り、当選することは容易ではありません。しかし、集権化は大政党により強く作用すると考えられます。小政党の場合、比例代表での議席獲得がほとんどになりますが、執行部からの規律を嫌う政治家がいれば、離党して別の政党を立ち上げることも可能だからです。比例代表であれば、小政党であることの不利は相当程度まで緩和されますし、小政党の支持者には主義主張へのこだわりがある人も多いため、離党は純粋さの証になりえます。これに対して大政党は小選挙区での議席獲得を目指しますから、執行部が公認権を使って規律を強めることになりやすいのです。もちろん、大政党に所属する政治家や候補者も、トップダウンの規律や意思決定を嫌えば離党できますが、大政党の議員だと多くの場合には政党名を基準に投票し、利益配分など政策の実現を期待する有権者によって当選しているので、離党した場合のリスクが極めて大きくなります。

実際にも、大政党の組織構造は大きく変化しました。それが最も顕著なのは自民党です。このこともすでに繰り返し述べてきましたが、五五年体制下の自民党の意思決定はボトムアップが基調であり、主義主張によるのか人脈によるのかはともかく、党内分派としての派閥は大きな存在感を確保していました。個々の政治家は、当選に必要な資金を派閥に、支援者を個人後援会に依存しており、自民党としての政策を掲げて他党と差異化するよりも、自党の候補者こそがライヴァルでした（建林 二〇〇四）。選挙制度改革後もしばらくはこの特徴が維持されましたが、おおむね二〇〇〇年頃から変化が顕著になりました。党内での政策決定はトップダウンの傾向を強め、執行部の意向に逆らうことは難しくなりました。派閥は影響力を低下させ、総裁選挙を戦う集団としても、新人をリクルートして支援する集団としても、存在感は乏しくなりました。個人後援会はなくなっていませんが、同一選挙区内での自民党候補者同士の争いはなくなったため、党としての政策を掲げて他党の対立候補との差異化を図ることが重要になりました。政党助成金制度が導入されたために、政治資金の流れも、執行部中心に一元化される傾向が強まりました。小泉純一郎政権だった二〇〇五年にいわゆる郵政解散がありましたが、このときに自民党執行部が郵政民営化法案に反対した候補者の公認を剥奪したことは、組織構造の変化を白日の下に晒したのでした（中北 二〇一七）。

内閣機能強化を中心とする執政制度改革は、直接的には政権に就いている与党にのみ影響しますが、政党内部における組織構造には大きなインパクトを与えています。ここでもやはり自民党をみるのがよいでしょう。かつて政策決定における主役は政調部会であり、ここが族議員たちの活躍の場にして、関係省庁の官僚との協調の場でもありました（佐藤／松崎 一九八六、猪口／岩井 一九八七）。しかし、内閣機能強化によって政策決定の主舞台は官邸に移り、そこで首相と官房長官ら政権の中枢にいる一部の重要閣僚が、首相補佐官や秘書官、さらに内閣官房・内閣府の官僚たちのサポートを得ながら政策を決定するのが、新しい常態になりました。小泉政権や第二次安倍政権でたびたび注目された、いわゆる官邸主導の政策過程です（清水 二〇〇五、二〇一八、竹中 二〇〇六、待鳥 二〇一二）。この傾向は、首相と政権が重視する政策課題であるほど顕著であり、与党若手議員が影響力を行使できる余地は大幅に減ることになりました。上位二党間の勢力変動、すなわちスウィングが大きいこともあり、二〇〇五年衆議院選挙で初当選した「小泉チルドレン」をはじめとして、当選回数の少ない与党議員の政策知識の乏しさや脇の甘い言動がしばしば問題にされます。しかしそれは、若手議員が「小粒」になったからではなく、政党組織の変化によって採決要員以外の役割を与えにくくなっていることの帰結なのです。

その他の改革の影響

先にふれたように、一九九〇年代以降の政治改革は極めて包括的であった半面、異なる方向性が混淆するという特徴を持っていました。八〇年代から九〇年代初頭に認識された課題への対応という点では共通していながら、課題認識に際してのフレームや、それにもとづく多数派形成のあり方が、領域ごとに異なっていたからです。結果的に、中央政府と地方自治体、政府と日本銀行といった、意思決定の単位間の分離あるいは分権化が図られるとともに、一部では単位内の集権化も行われることになりました。官邸主導の政策決定は、中央政府における集権化の典型的な表れですが、そのようにして決まった政策に対して、自律性を高めた地方自治体や中央銀行が抵抗する、あるいは従わないといったケースが顕在化したのです。これらもやはり、政党政治のあり方に対して影響を与えました。

とくに大きな意味を持ったのが、地方分権改革と、それに並行して進められた大規模な市町村合併でした。もともと、国政と地方政治は異なる制度を採用していましたし、選挙も別個に行ってきたのですから、政策的な方向性が合致しないことは十分にありえました。しかし、かつての革新自治体を除けば、一九九〇年代初頭までは地方政治家の大部分は自民党系で国会議員と結びついていましたし、知事や市町村長は保守系無所属を国政主要政党の相乗りで当選させている例が珍しくありませんでした。自治省と地方自治体の間の行財政的な結びつきも、強く保たれていました。地方分権はまず行財政的な結びつきを弱めました。権限と財源を移譲することで、地方自治体が独自の判断で政策を展開できる余地を拡大したのです。そうなると地方自治体が行う政策判断が重要になるのですが、市町村合併による地方議員の減少と、選挙制度改革による自民党内部の執行部主導の強まりは、自民党の国会議員と地方議員の間に存在していた系列関係を弱め、地方政治家の自律性を高めました。行財政的にも政治的にも、地方が中央と異なる意思を持ち、中央に対して拒否権を行使する可能性が大きくなったのです。

自民党をはじめとする国政政党や既成政党への批判も、地方政治には反映されました。一九九〇年代以降、どの政党からも推薦や支持を得ずに当選する無党派首長が増えました。さらに二〇〇〇年代に入ると、その地域の課題に取り組むことや利害を主張することを訴える地域政党が、大きな存在感を持つようになります。独任制の首長が議会とは別個に公選され、しかも首長が政策決定に行使できる影響力が大きい日本の地方政治の制度は、地域政党が短期間に影響力を拡大するには適合的でした。大阪府の橋下徹知事（のち大阪市長）が創設した「大阪維新の会」、名古屋市の河村たかし市長が率いる「減税日本」、東京都の小池百合子知事が実質的に指導する「都民ファーストの会」などは、その代表です。大阪維新の会や都民ファーストの会は議会にも大きな勢力を確保したため、国政政党は対応に苦慮することになります。その結果、大阪では自民党と共産党が連携して維新に対抗したり、東京では都民ファーストの会と公明党が小池知事与党になったりと、国政とは異なる政党間関係が生まれました。さらに、大阪維新の会は日本維新の会として、都民ファーストの会は希望の党として、それぞれ国政への進出も図りました。地域政党は、国政レヴェルでの政党システムにまで影響を及ぼすようになったのです（砂原 二〇一七）。

分離され自律性を高めた意思決定単位の政策判断が、政党政治に影響を与える場合もあります。中央と地方の関係では、もともと中央が判断を行い、地方が同意して実施に移される政策が少なくありませんでした。原発や在日アメリカ軍基地など、受益者は全国的あるいは広域的に存在するが、立地地域には負担の大きな施設をめぐる政策は、その典型でした。このような場合にも、立地地域の地方政府が国政与党と同じ政策的立場をとることを、以前は比較的容易に想定できました。しかし近年では、各地の原発再稼働や沖縄の米軍基地の問題のように、国益に関わる政策だといわれても、立地地域は独自の政策的立場を持ち、それを表明するようになりました。そうなると、地方自治体の政策判断が、国政における政権与党への評価や政策判断に影響を与えることにつながります。同じことは日本銀行との関係についてもいえます。日銀の独立性確保を野党時代から重視していた民主党は、二〇〇九年の政権獲得後にもその姿勢を基本的に維持して、金融政策への関与を強めようとはしませんでした。それが理由であったかどうかは判然としませんが、民主党政権期にも日本経済を苦しめたデフレからの脱却について、無策であるという批判を浴びることにつながったのです（上川 二〇一四）。

改革されないまま残された領域の影響も、無視することはできません。最も重要なのは、衆議院と

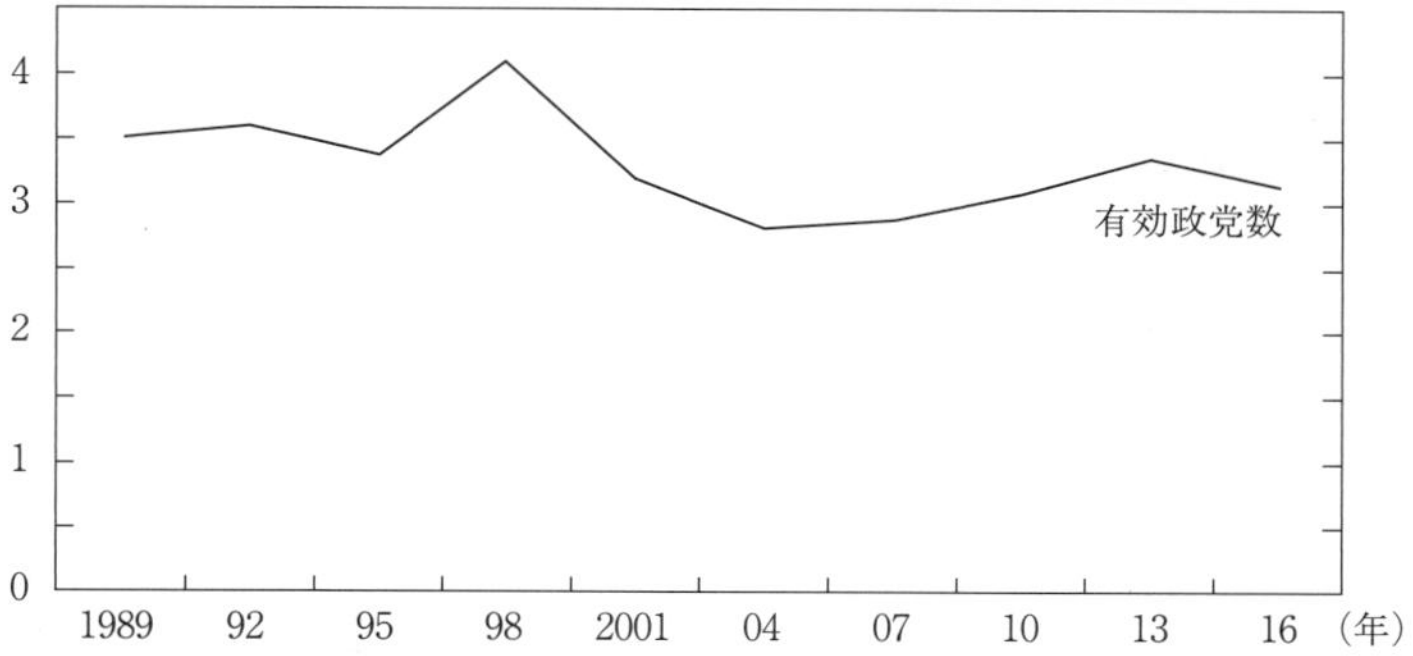

図6－2　参議院における有効政党数（1989～2016年）
（注）参議院選挙後最初の国会召集日における会派議席数に基づく。
（出典）会派別所属議員数の変遷（参議院HP）から筆者が算出し作成。
http://www.sangiin.go.jp/japanese/san60/s60_shiryou/giinsuu_kaiha.htm

参議院で与党の議席率が大きく異なることによって生じた「ねじれ国会」です。五五年体制下では衆議院と参議院の選挙制度は異なっていましたが、いずれも比例性が高いという点では共通しており、そのために両院での各政党の勢力には大きな差はありませんでした。一九八九年の参議院選挙で自民党が過半数を割りますが、それ以前の野党の多党化は両院に作用していたために、公明党・民社党と法案ごとの多数派形成を行えば乗り切ることができました。ところが、選挙制度改革後に衆議院で二大政党化が進展すると、衆議院では与野党対立が明確になり、与党ではないが重要法案では政権に協力する政党は次第に姿を消していきます。その一方、改革がなされなかった参議院には多党制が残り、小政党がキャスティングヴォートを握る状況が生まれます（図6－2参照）。

先にもふれたように、九〇年代後半に政権に復帰していた自民党は、公明党などと連立することでこの問題に対処しますが、二〇〇七年には自民党と公明党を合わせても過半数に達しなくなってしまい、参議院では少数与党状態に追い込まれました。民主党政権の時期にも、衆議院では単独で圧倒的多数の議席を持ちながら、参議院での多数派形成のために国民新党・社民党との連立がなされましたが、途中からは社民党の連立離脱などもあって少数与党になりました。このような「ねじれ国会」は二〇一三年の参議院選挙でいったん解消され、一六年には自民党が二七年ぶりに両院での単独過半数を回復しましたが、いつまで継続できるかは不透明です。

ここまで、一九九〇年代以降の政治改革には集権化と分権化という異なる方向性が入り混じっていたこと、改革がなされないままの領域が残ったことは、その後の政党政治に対して大きな影響を与えたことをみてきました。全体的には、政治改革の効果を減殺するとともに、政策決定の停滞や混乱を招き、有権者の間に「改革疲れ」を広げた負の側面が大きかったように思われます。複数の意思決定単位間の関係は、近年の政治学においてマルチレヴェルミックスの問題として研究が進んできていますが、日本の場合には元来マルチレヴェルミックスが複雑だったことに加えて、政治改革によってその複雑さが強められたことは否定できません（砂原 二〇一七、建林 二〇一七、Hijino 2017）。

消えない不安と不満

二〇〇九年衆議院選挙で民主党が圧倒的な勝利を収め、参議院での過半数を確保するために一部の小政党との連立を組みましたが、政権交代を実現させました。それまで与党であった自民党と公明党は野党になりました。一九九三年から九四年にかけての細川・羽田両政権以来の非自民政権でした。

有権者はこの政権交代をおおむね積極的に評価し、鳩山由紀夫政権への支持率は発足時に七〇%を超える高い水準に達しました。民主党は詳細な政権公約（マニフェスト）も作成していたため、初めての政権担当であっても政策の展開に大きな支障はないと思われていました。多くの有権者にとって、何らの不安もなかったわけではないにしても、期待の方がはるかに大きかったことは間違いありません。それまでの政権に満足できない有権者が、明確な選挙結果を示して政治権力の担い手を変え、それが政策の変化につながっていくという、代議制民主主義の下での委任・責任の連鎖関係が顕在化した瞬間であり、それがもたらした高揚感でした。

ところが、鳩山政権は民主党の主張だった「官僚支配」の打破や「政治主導」を強調するあまり、官僚を政策決定から排除しようとし、さらには沖縄にあるアメリカ軍普天間基地の県外移設問題など、多方面から粘り強く対処しない限り実現しない案件に拘泥したために、成果を挙げることができないままに勢いを失ってしまいました。詳細にみえたマニフェストも、実際には根拠なき数字合わせに過ぎない部分が多々あったことも判明しました。支持率も短期間に低下して、鳩山自身の政治資金問題などもあったために、一年足らずのうちに総辞職する事態に陥りました。その後、菅直人、さらには野田佳彦が政権を引き継ぎましたが、二〇一〇年参議院選挙で与党が過半数を失い、東日本大震災やそれに伴う東京電力福島第一原子力発電所の事故などもあって、期待に遠く及ばない水準の成果しか出せないまま、一二年一二月の衆議院選挙で再び自民党と公明党が政権に返り咲きました（民主党政権のあり方についてはいくつかの研究がまとめられていますが、さしあたり日本再建イニシアティブ〔二〇一三〕、伊藤／宮本〔二〇一四〕、前田／堤〔二〇一五〕をご参照ください）。

民主党政権が誕生する以前の二〇〇七年参議院選挙以降、与党が参議院で過半数の議席を獲得できない「ねじれ国会」の時期が多くなりました。憲法の規定上は、首相指名や予算の議決について衆議院が優越するものの、予算を執行するための関連法案などは両院を通過させる必要があり、しかも参議院は首相や閣僚に対する問責決議により事実上の不信任を行うことができますから、戦後日本の政治制度は、衆参両院で与党多数を確保しない限り政権が安定しないという特徴を持ちます（増山二〇〇六）。それは、有権者の意思をより強く反映する役割を担う下院（日本でいえば衆議院）の信任によって政権が成立し維持される、議院内閣制の本来的な論理とは異なります。上院である参議院は、政権側あるいは与党側の判断では解散されず、固定任期を務める代わりに、下院である衆議院が明確な立場を示した政策については否定せず、政権の生殺与奪を握ったりはしないのが本来のあり方です。

しかし、戦後日本の場合には政治制度の基本的な設計においてこの原則が守られず、さらに一九九〇年代以降の政治改革によって両院の多数派が整合しにくくなっていましたから、「ねじれ国会」の問題は深刻化しました。与党が自民党中心であるか、民主党中心であるかを問わず、野党は「ねじれ国会」を徹底的に利用して政権と与党を攻撃しました。その結果として政策決定は著しく停滞し、それを克服できないまま短命政権が続くという構図が繰り返されたのです。このような状況を指して「決められない政治」という言葉も使われました。

自民党と公明党が再び与党となり、第二次安倍政権が誕生して半年ほど経った二〇一三年の参議院選挙で、「ねじれ国会」はようやく終わりを告げます。安倍政権は一四年の衆議院選挙でも勝利を収め、一六年の参議院選挙の後には両院において自民党だけで過半数を占めるまでに勢力を回復させました。この間、政権と与党に対する支持は高い水準が続きました。その主たる理由は、安倍政権が積極的な経済政策「アベノミクス」によって長期のデフレからの脱却を目指したことと、民主党政権の混乱の記憶が依然として強いことなどに求められました。しかし、首相である安倍晋三自身は経済政策よりも外交・安全保障分野における保守的な信条で知られた人物であり、一三年に特定秘密保護法、一五年に安保法制（平和安全法制）、さらに一七年にはテロ等準備罪（共謀罪）を新設する組織犯罪処罰法を成立させるなど、ときにその主張を反映させた政策が打ち出されるときもありました。これらの立法の過程は、いずれも与野党対決型となりましたが、与党側は野党の質疑や参議院での審議に十分な時間を割いていないという批判を浴びました。安倍は憲法改正にも強い意欲を示し、以前の「決められない政治」から一転して、官邸主導の「決めすぎる政治」や「安倍一強」への懸念もみられるようになったのです。とりわけ二〇一五年の安保法制に際しては、大規模な反対デモが起こったことは記憶に新しいところです。

「決めすぎる政治」への不安は、一方において政党間競争が与党優位に傾きすぎ、政党システムの二大政党化が止まってしまっていることによります。これは現在の野党に対する、有権者の失望あるいは絶望の表れでもあるのでしょう。政権を失った民主党は、与党時代についての総括、何が不十分であったのかについての反省も明確には行えないまま、安保法制に強く反対してからは共産党や社民党との共闘路線に舵を切りました。その路線は、二〇一六年三月に日本維新の会を離れた一部議員が合流し、民進党と名前が変わっても継続しました。一九九〇年代に旧民主党が創設されて以来、その基本姿勢は、かつての社会党のように外交・安全保障や憲法を自民党との最大の相違点として前面に押し出すことはしないところにあったと思われます。民進党が選択した左派共闘路線は、経済に重点を置き、外交・安全保障については現実的な政策を掲げることで政権担当能力を示し、有権者の多数派が安心して自民党に代わる勢力として期待できることを目指してきた姿勢とは整合しないものでした。民進党の支持率がずっと低迷していたことは、有権者の失望の表れだというしかありません。小選挙区中心の選挙制度の下では、選挙になれば与党批判の受け皿として第二党への支持が一時的に強まるのですが、民進党はその恩恵も結局ほとんど受けられないまま、二〇一七年の衆議院選挙の直前に事実上分裂してしまいました。

しかし他方において、有権者の不満は自民党の内部組織にも向けられています。先にもみたように、中選挙区制の時代、五五年体制の時代には、自民党は内部に派閥を抱えており、党内対立や党内競争が存在していました。それが、経済成長の果実を都市に分配するか農村に分配するかといった、政策的な相違にもつながっていました。さらには、外交・安全保障や憲法改正についても、自民党の綱領には確かに自主憲法制定と書かれているにしても、必ずしもそれを支持しない政治家も党内に多数いたわけです。今日、官邸主導とか安倍一強とかいわれる構図になると、自民党の内部に存在していた多様性が失われ、総裁である安倍晋三の考え方や政策路線に挑戦する有力政治家もいなくなってしまっているという批判も出てきているように思われます。

近年、田中角栄が一部でブームになっているようで、優れた評伝も登場しています（たとえば、早野二〇一二）。田中は戦後すぐに政治家となり、まさに高度経済成長期の自民党政治の主役であった人物です。ロッキード事件を含めた金権政治の代名詞とされ、長らく負の側面しか語られることのなかった田中について、今になって好意的な評価が強まっているのは、一つには日本の政治・経済・社会が安定していた時代へのノスタルジーがあるのでしょうが、もう一つには現在の自民党に対するオルタナティヴが仮託されているようにも思われてなりません。

日本の政党政治はどこへ

野党第一党が外交・安全保障や憲法を主争点に掲げても政権をめぐる競争にはつながらないという低い評価がある一方で、自民党内の派閥間競争や田中角栄に対する再評価の機運が高まっているのは、いったい何を意味するのでしょうか。

かつて村松岐夫が『戦後日本の官僚制』（村松　一九八一）をはじめとする諸研究において鮮やかに指摘したように、五五年体制は自民党の長期単独政権を前提にしつつ、一方では政党間対立が日米安保条約や憲法への評価を中心とするイデオロギー的な相違にもとづいて形成され、他方では自民党の内部過程において利益配分政治が進められるという二重性を持ったものでした。その意味で、現在の有権者がこのような二重性の復活、すなわち五五年体制への単純な回帰を望んでいるようには思われません。むしろ、憲法改正などがイデオロギー的な意味合いを帯びすぎて、空虚な対立が先鋭化することを嫌い、経済政策を中心とした緊張感のある政治勢力間の競争や政権運営がなされることを期待しているのではないかと考えられます。各種の選挙における最大の関心事はほぼ常に経済や景気であり、憲法改正を急ぐ必要はないという各種の世論調査結果からは、このように推測できます。

競争が自民党の内部における派閥を単位にしたものになるか、自民党と別の大政党の間でなされるかは、政策路線の代替案が準備されている状況さえつくり出せれば、平均的な有権者にとっては大きな違いではないのかもしれません。しかしこの点については、一九九〇年代の選挙制度改革と執政制度改革によって、派閥間競争ではなく政党間競争を行うことを日本政治は選択したとみるべきです。選択の背景にあったのは、派閥間競争は結局のところ同一政党内部の競争であって、政策過程に関与する外部集団の大きな入れ替わりは伴わず、そこに問題があるという認識でした。

かつての自民党の派閥には、官僚系か党人系か、保守本流か傍流かなど、政策上の立場の違いと結びついた違いがありました。しかし、いずれの派閥もたとえば農協や財界団体と近しいという点では変わりありませんでした。そこでは、農協によらず個々人の創意工夫で農業を進めようとする篤農家や、現在の社会経済構造の下で困窮している人々の声はなかなか届きません。そのような固定化された関係は、一方で政策過程から恒常的に排除される人々や集団をつくり出し、他方で不必要な既得権益の温床になってしまうので、政府運営の主役をときどき交代させる必要がある、という判断が政治改革の基礎にあったことは、やはり忘れるべきではないと思います。事実、二〇一二年に政権に復帰してからは盤石の強さであるようにみえる自民党も、かつてのような安定した支持基盤を確保しているわけではありません（中北 二〇一七）。その背景には、地方分権改革や社会経済的変化などがありますが、政権交代の経験が政党と外部集団の関係を変えたことも無視できないのです。

しかし、政策的な代替案の準備や提示という点では、自民党に対抗する勢力はうまくいっていないことも事実です。先にもふれたように、民主党はもともと、経済政策を中心とする代替案を提示して政権を獲得しようとしました。これは、改革後の選挙制度を前提として、保守政党と競争しながら二大政党の一角を占めようとする中道左派政党にとって当然の姿勢でしたが、現在では大きく二つの困難に直面しているようにみえます。

一つは、詳しくは終章で述べますが、世界的な中道左派の混迷です。戦後の中道左派あるいは社会民主主義勢力が得意としてきたのは、経済成長を前提としながら、その果実の分配について社会経済的弱者に手厚くすることでした。これは、一九七〇年代後半以降にいったん行き詰まりますが、九〇年代半ばにはトニー・ブレア率いるイギリス労働党が提唱した「第三の道」のように、従来の支持者層に痛みを与えるものであってもグローバル化に積極的に対応することで経済を成長させ、それを国内弱者に分配するという方針で再生しました。ところが、グローバル化は思ったほどの果実を先進諸国の政府にはもたらさなかったために、分配のためのパイが十分に増えないという事態に陥ったのです。二〇〇八年のリーマンショックによって、この立場はほぼ完全に終焉しましたが、中道左派はそれに代わる政策路線を打ち出せていないのです。弱者を切り捨てないという基本姿勢を保ちつつ、たとえば文化的少数派の権利拡大など経済以外の側面に焦点を移す試みは、有権者の多数派からの支持を必ずしも得られていません。

もう一つは、現在の日本政治の特徴として、保守系であるはずの安倍政権が、経済政策については中道左派のお株を奪ってしまっていることが指摘できます。外交・安全保障面を含め、安倍政権の基本的なスタンスは、グローバル化や先進諸国間の協調には積極的に対応しつつ、その成果が従来の日本の社会経済において不利な立場にあった人々（たとえば女性）にも行き渡るようにする、というものです。誰が不利であったのかについての考え方や、成果分配の方法については、さまざまな疑問や批判を提起することが可能でしょう。しかし、この路線を世界的な尺度でみれば、保守や新自由主義といった立場ではなく、中道左派に最も近いことは否定できません。もとより、グローバル化の積極的な推進だけでは国内での分配に見合うパイが生まれないという事情は現代日本も同じですから、その分だけ財政規律を緩めて原資を生み出してはいるのですが、その点に対する批判は中道左派ではなく「小さな政府」論のように新自由主義などの立場から行うのが一般的です。

かくして、非自民の大政党が信頼できる政策路線を打ち出せていないと感じるときに、有権者が示す反応は二つありえます。一つは、引き続き自民党に勝たせることです。安倍政権は経済政策で十分に成果を出せていないという指摘も、有権者が成果を評価して支持しているわけではないという指摘も、それ自体は恐らく正しいでしょう。しかし、安倍政権あるいは自民党が打ち出している政策路線以外に期待できるものがない場合には、相対評価によって政権と与党を勝たせ続けることは、十分にありうることだと思われます。それはときとして、政権獲得の可能性や政権担当能力がほとんど期待されない勢力に、政権批判票が集まることにもつながります。もう一つは、たとえ政策路線という意味では十分に代替的とはいえなくとも、政党間競争という観点から長期政権を望ましくないと考え、非自民第一党に期待することです。先にも述べたように、政権交代にはそれ自体として効果が存在することは確かです。したがって、政策路線としてではなく政党としてのオルタナティヴであれば構わない、という考え方も成り立ちます。そして、二〇一七年の衆議院選挙直前に結党した希望の党は、この立場に依拠していたように思われます。

しかし、政策的な違いを打ち出さないまま政権交代のみを追求する動きは、中長期的には政党政治にマイナスに作用する恐れが強いといわざるを得ません。本書の随所で述べてきたように、政府と有権者を媒介するところに二〇世紀の政党の役割があり、その主たる回路が経済的分配をめぐる政策でした。もちろん、このような役割はもはやかつてのように展開することはできませんから、次の回路を考えていく必要はあるわけですが、少なくとも現時点においては、政策を抜きにして政党は存在できないのです。仮に政策を追求せず、政権交代による権力獲得のみを志向する政党があるとして、有権者がそのような政党に長期的な信頼を寄せることは困難です。二〇一七年の衆議院選挙で希望の党を惨敗させた有権者は、少なくともいったんはそのようなシグナルを送ったのだともいえます。

世界的な潮流などと考えあわせると、今後とも似たタイプの政党が出現する可能性は小さくないと思われます。それが何らかの理由で成功を収め、信用できない政党が政治権力を握るのであれば、そもそも政党が関与して運営される政府そのものの役割を小さくする、あるいは政治勢力間の相互抑制を強めて特定の政党が権力を独占しないようにする、といった動きが生じてくることになるでしょう。その場合には、負担増のように有権者が短期的には拒絶したくなる政策を展開することはおよそ不可能になります。行き着く先は、政党政治のみならず、代議制民主主義の存在意義が損なわれる状況ではないでしょうか。

ここまで三つの章にわたって、日本の政党政治の展開について述べてきました。終章では、具体的な事例としての日本のことを踏まえつつも、そこから再び離れて、国際比較の観点から論じることにしましょう。

終　章　政党政治の再生は可能か

1　政党政治の現状

政党間競争における対立軸の喪失

前章まで、日本の政党政治が今日大きな変化に直面していることを述べてきました。日本は、国際環境や社会経済環境の変化に適応すべく、一九九〇年代以降に包括的な政治改革を進めました。しかし、その方向性が複数あったことや未改革の領域が残ったことも影響して、現代日本の政党政治は有権者とのつながりを失ってしまったようにみえます。代議制民主主義の下では、有権者は個々人として投票を行い、政治権力の行使を政治家へと委任するわけですが、その委任が実を挙げるためには、政党の存在が不可欠であるはずです。政党は有権者と政府を媒介する存在として、代議制民主主義にとって最も重要な存在なのです。その媒介への信頼が失われることは、やや大げさな表現になってしまいますが、日本における代議制民主主義の潜在的なリスクとさえいえるかもしれません。インターネット上のソーシャルネットワーキングサービス（ＳＮＳ）の検索を行ってみると、代議制民主主義や政党などの単語は、大多数が否定的な文脈で使われていることが分かります。

事態が深刻なのは、同じ現象が今日の先進諸国でほぼ普遍的に生じていることです。第二次世界大戦後の政党政治は利益配分の政治であり、政党間競争も経済的分配をめぐって存在していたことは、西ヨーロッパや北アメリカの各国にほぼ共通していました。日本は政党間対立が経済的分配に純化しきらなかったところに特徴がありますが、自民党の党内競争などによって利益配分政治が進められたという点では他の先進諸国と違いませんでした。自由主義か、あるいは共産主義かという政治体制選択の問題は、戦後間もなくであれば一部の国に存在しましたが、その後は冷戦の影響もあってほとんど争点となりませんでした。また、個々人のライフスタイルなど社会文化的な事柄に関しては、プライヴァシー権などさまざまな新しい権利や女性の社会進出が広く受け入れられるようになりましたが、それを正面切って否定する政治勢力がそもそもほとんどありませんでしたので、やはり政党間競争の争点にはならなかったのです。このような構図は現在、各国で崩れてしまっています。

経済的分配をめぐる政党間競争とは、自由主義・保守主義政党と、社会民主主義政党との争いでした。政党システムが二大政党制であるか多党制であるかを問わず、富裕層や経営者の利益表出を目指す右派の自由主義・保守主義政党と、非富裕層や労働者の利益表出を目指す左派の社会民主主義政党が存在しており、経済成長の果実をどう分配するかをめぐって争っていたわけです。

これが崩れ始めた最大の理由は、十分な経済成長ができなくなったことでした。最初の大きなきっかけは、一九七〇年代の石油危機でした。さらに、冷戦終結後の九〇年代以降にはグローバル化が、それに少し遅れて情報通信技術の発展などの技術革新による機械化や省力化が起こりました。これらによって、一九世紀の産業革命以降に先進諸国を先進諸国たらしめていた製造業の海外移転が起こり、いわゆる知識集約型産業の基幹業務に従事できる一部の人々だけが豊かになる一方で、それ以外の人々は生活が苦しくなるという状態が出現します。しかも、先進国はおしなべて少子高齢化しており、戦後拡充してきた社会保障制度の維持が容易ではなくなっています。このような状態になると、経済的利益配分をめぐる政党間競争は、その前提を失ってしまいます。それは、戦後長らく常識だと思われていた政党間の対立軸や、各政党の違いを生み出していた要因が失われることも意味していました。

安定的支持基盤の喪失

政党間競争における対立軸の弱まりや消滅は、支持者たち、より正確にいえば経営者団体・宗教団体・労働組合・農業団体などの各種支持団体の要望を受けて、それらに好都合な経済政策を展開することによって安定させてきた各政党の基盤も揺らがせました。利益配分を行えなくなったことで、有権者や各種の社会集団からみた政党の魅力は、大きく低下してしまったわけです。そのような政党に関わり合いを持とうとする人々や集団が少なくなるのも、また当然のことでした。先進諸国の主要政党は党員の減少や党費収入の減少に悩まされ、それと並行して各国で無党派層が増大する傾向が続いています。もちろん、代議制民主主義の発展とともに登場したような、古くから存在する政党は、五〇年、七〇年、あるいは一〇〇年以上にわたる歴史を持っています。その間に形成された政党の基本イメージや支持団体との関係が、一朝一夕にすべて壊れてしまうわけではありません。しかし、おおむね一九五〇年代から七〇年代前半までの戦後政党政治の絶頂期に比べれば、その結びつきは相当弱まったことは間違いありません。

このような変化とともに、有権者の変化も生じています。先進諸国に暮らす人々は、ある程度まで豊かになり、社会保障などによって将来への不安も軽減されると、経済的な利益配分だけを求めるわけではなくなります。文化的に豊かな暮らし、精神的に満たされた暮らしを求めるようになるのです。シンプルライフとか断捨離とか、それぞれの時代にいろいろな名前がつけられていますが、このような考え方の強まりは、過去三〇年あるいは四〇年にわたってずっといわれていることです。アメリカの政治学者ロナルド・イングルハートは、このような考え方を脱物質主義的価値観と呼びました（イングルハート 一九九三）。脱物質主義的価値観が強まると、環境保護や新しい権利が、有権者の関心事項となる傾向が出てきます。たとえば、大規模な開発を行って幹線道路が通り、そこに大きなショッピングモールができることよりも、買い物は従来の商店で十分だから、開発をやめ静かで豊かな自然の中で暮らしたい、という発想です。

そのような発想が当たり前になる時代には、利益配分をベースにつくられてきた政党は、有権者にとってはあまり魅力的ではなくなります。たとえば、社会民主主義政党は長らく経済的弱者の味方だと言ってきましたが、それは弱者に分配するための原資を生み出す、経済成長とか経済活動が必要だという立場をとることでもあります。そうすると、環境破壊になってでも幹線道路を通し、商業を振興して分配のための富を生み出そうという発想につながります。ところが、経済的弱者に優しい社会民主主義政党の政策は、環境がいちばん大事だという人からみれば全然優しくないわけですから、そういう政党に魅力は感じません。かといって、自由主義・保守主義の政党が環境に対して優しいかといえば、もちろんそうではありません。開発を進めるという点では共通しており、それによって増えた富を、経営の才覚がある人々や能力の高い人々が多く確保すればよいという主張なのですから。つまり、脱物質主義的価値観を持つ有権者にとっては、右派であれ左派であれ、既成政党は支持しがたいということになります。ここにも有権者と政党との乖離が生じるのです。

変化の帰結

ここまで述べてきたような変化、すなわち政党間の対立軸の喪失および各政党の安定した支持基盤の喪失は、先進諸国の政党政治に大きく三つの変化をもたらしています。

一つは、既成政党が国庫や特定の集団に過剰に依存するようになることです。無党派層が増えたといっても、彼ら（彼女ら）が選挙で投票する先は、既成政党やその候補者であることは珍しくありません。しかし、その支持はもちろん流動的ですし、ましてや投票先になった政党を長期的に支援することは期待できません。党員になって党費を支払うことはもとより、一時的な寄付も十分には望めないでしょう。そうなると、党費を支払ってくれる党員が多数存在する、あるいは政治資金を小口寄付してくれる人々が少なくないことを前提に成り立っていた既成政党の組織は、維持できなくなります。既成政党としては、議員を抱えている限りは政党であることはやめられませんから、別の収入源を見つけてくるしかありません。結果的に、政党助成金のような国庫補助、あるいは有力な支持者集団から大口の献金をもらって政党を維持していくことになります。

国庫補助を受けている政党は、有権者からみるといささか奇妙な存在であり、政党助成金には必要悪という以上の芳しい評価はあまり聞かれません。序章でみたように、政党が本来的に社会の部分利益を表出している存在なのだとすれば、そのように自己利益を追求する集団に対して、なぜ国庫からお金を出すのか、なぜ社会構成員の全員から集めた税金の中から補助をせねばならないのか、という疑問が湧くのも当然かもしれません。もちろん、異なる自己利益を追求する集団としての政党が複数あることで、結局は政治権力の行使が最も恣意的になりにくいことから、このような支援は正当化できます。しかし、多くの人にとって直観的に理解しやすい理由づけではないことは、過去の政党批判からも明らかでしょう。結果的に、国庫補助には有権者と政党との関係をますます切り離し、有権者の政党不信を強めるマイナス面があることは否定できません。日本の場合にも、政党助成金の交付額が確定する年末に、駆け込み的に政党の離合集散が起こるという現象がときにみられ、マスメディアから批判的に報じられています。

政党不信の強まりは、第二の帰結である直接民主主義志向を生み出します。直接民主主義は民主主義の原初的な形態でもあり、実例があまりないことも手伝って、長らくロマンティックで漠然とした期待を集めてきました。民主主義とは有権者である社会構成員が政治権力の唯一の源泉であり、政治的意思決定の究極の責任者であるという理解に従えば、政治権力の行使や意思決定を直接行いたいという発想は、異常なものではありません。近年の情報技術の進歩によって、直接民主主義の最大の制約であった「全員が集まれない」という問題はなくなっているという論者もいます（東 二〇一一）。

直接民主主義志向の強まりは、代議制民主主義を全否定するところまでは行かず、政治的意思決定、より日常的には政策決定において、政治家や官僚以外の人々の関与を強めることを求める考え方につながることもあります。熟議民主主義の議論の一部は、このようなものだといえるでしょうし、それ以外にもポスト代議制民主主義の構想は存在しています（山崎／山本 二〇一五）。

しかし逆に、有権者には十分な知識や正確な情報、あるいは議論の機会を与えることなく、直接民主主義志向を利用して国民投票や住民投票の活用を強く主張する扇動政治家が現れることもあります。二〇一六年にイギリスがＥＵ離脱を国民投票で決めた際に、離脱推進派が根拠のない主張や虚偽の情報を流して国民を扇動したことが問題になるなど、「フェイクニュース（偽ニュース）」や「ポスト真実の政治」は最近の流行語ですらあります。その弊害は改めて述べるまでもありませんが、それでもなお直接民主主義志向は弱まっていないようにみえます。根底には、政党政治に対する強い不信感があることは間違いありません。

第三の帰結は、新党の台頭です。既成政党と支持者のつながりが弱まり、無党派層が増大すると、その無党派層を惹きつける政党が登場します。中には、ドイツの緑の党のように、新しい争点に立脚した新党として出発し、連立政権を構成する主要政党にまで成長する例もあります。しかし、大部分の新党は、長続きしない一過性の政党です。新党が長続きしない理由としては、多くの国で立候補や選挙運動などの制約があり、小規模な新党には不利であることも無視できません。ですが、もともと既成政党との結びつきがない有権者からの一時的な集票を目指している場合も少なくないのです。

とりわけ、ポピュリスト政党と呼ばれるような、カリスマ的な政治指導者の個人的魅力と、既成政党を含めた既得権益勢力への批判によって成り立つ新党の場合には、その傾向が顕著です。既得権を批判している以上、自分たちがその担い手になること、つまり既成政党化することはできません。当然ながら、そういう政党は長期的な展望に立った政策は打ち出しません。ポピュリスト新党が勢力を強めるようになると、それと競争関係に立つ既成政党も時間軸の短い政策を唱えざるを得なくなり、政党政治が全体として長期的な政策を打ち出す能力を低下させていきます。深刻な事態だといわざるを得ません（なお、ポピュリスト政党と、それが依拠するポピュリズムについては、吉田〔二〇一一〕、水島〔二〇一六〕、ミュラー〔二〇一七〕、ミュデ／カルトワッセル〔二〇一八〕が優れた概観と分析です。ただし、政党間競争のダイナミクスと関連づけた議論は、現在のところヨーロッパでの研究成果〔たとえば、Mudde 2007; Meguid 2008〕も参照する必要があるように思われます）。

2　今後の政党政治

政党政治は終わったのか

このように述べてくると、政党を媒介にした代議制民主主義の時代は終わった、少なくとも代議制民主主義における媒介役としての政党の存在意義はすでになくなりつつある、と感じられるかもしれません。確かに、第二次世界大戦後に私たちが慣れ親しんだ政党政治のあり方が、今日では大きく揺らいでいることは否定できません。先進諸国が一九八〇年代頃まで続いた政党政治のあり方、つまり政党間に経済的分配をめぐる明確な対立軸が存在し、かつ各政党が安定した支持基盤を形成して利益表出を行うことができる状態に立ち戻れると考えるのは、楽観的に過ぎるでしょう。

政治権力の獲得をめぐる政党間競争そのものは続くはずです。現在、あるいは近い将来に、複数の政党が激しく対立しているようにみえる局面が現れることは、比較的容易に想像がつきます。しかし、そこでの対立や競争は、従来とは質的に異なったものになるかもしれません。すなわち、経済的に豊かになりたい、精神的に充足されたい、あるいは平和に暮らしたい、といった基本的な価値や関心を誰もが共有していることを必ずしも前提にせず、むしろ価値や関心の共有そのものを否定し、ときに虚偽すら交えて、一つの社会に仲間と敵を無理やりつくり出すような対立です。そこでの政党は、自分と違う立場をとる勢力を敵視し、対立を煽ることで短期的な支持を調達することにのみ関心を向け、長期的な政治・経済・社会の安定にはほとんど目を向けません。二〇一六年のアメリカ大統領選挙には、明らかにその兆候がみられました。

このような種類の対立には、政党が個別には私益を追求していながら、それが複数存在して競争と相互抑制を繰り返すことで代議制民主主義を安定させる効果を期待することはできません。むしろ、民主主義そのものの基盤を損ないかねない対立です。民主主義体制の安定には、自分たちと相手方、あるいは「われわれ」と「彼ら（彼女ら）」の間には、政策の基本的な方向性や優先順位の違いがあり、そのときどきの勢力バランスによって相手方に有利な政策が展開されることもあるけれど、逆に自分たちに有利な場面も多いのであって、全体としてみれば社会や政治の公正は保たれているのだという認識があった方がよいのです。もちろん、権力分立などの制度は、そのような認識が必ずしも存在しない場合でも代議制民主主義が直ちに崩壊しないように、安全装置として機能します。しかし、体制とその帰結についての基本的な信頼が失われると、やがて安全装置によっても抑えきれなくなる恐れがないとはいい切れません。

かくして政党不要論、政党有害論が再び出現することは、不思議でも何でもないように思われます。政党はもはや有権者と政策決定を媒介する機能を失っており、それどころか政治家の私利私欲のための手段としてしか存在していないという批判は、論理的であるかどうかは別にして、あちこちに簡単に見つけ出すことができるでしょう。政党を介さずに、さらには代議制民主主義であることもやめて、民主主義の本来形態である直接民主主義に回帰すべきだという主張も珍しくありません。また逆に、こちらはそれほど多くはないように思われますが、有権者は愚かすぎるので普通選挙の存在意義を疑うべきだという、序章で引用したような見解も存在しています。代議制民主主義と、そこでの媒介役としての政党は、黄昏を迎えているのでしょうか。

情報縮約のための政党

政党政治が存在意義を失っているという見解には賛同できません。支持者の利害関心を政策過程に表出し、支持者に利益配分を行う存在としての政党が、困難に直面していることは確かです。代議制民主主義における利益媒介メカニズムとして政党を位置づければ、それがかつてと同じ役割を果たせなくなっていることは間違いないでしょう。しかし、政党は利益媒介以外の機能も担っています。とくに重要なのが、有権者にとっては複雑で大量に過ぎる政策決定のための情報を縮約して伝える機能と、政策過程に対して有権者のさまざまな考えや意見を伝える機能です。これらは政党の情報伝達機能と呼ぶことができるでしょう。

代議制民主主義を直接民主主義の代替物として理解し、本来であれば直接民主主義が望ましいが、それが物理的あるいは技術的理由でできないために仕方なく代議制を採用している、という主張をする人たちの中には、今日では情報通信技術が発展したために直接民主主義が実現可能になったと考える論者もいます。確かに、政策課題についての話し合いをするために一カ所に集まる必要は乏しくなっており、かつ判断材料になる情報もオンラインでほぼ無制限に提供できるのであれば、直接民主主義は技術的に不可能ではないかもしれません。しかし、政策についての話し合いに参加するのは面倒だ、大量の情報を確認する時間や意思を持たないという有権者が珍しくない、というよりも恐らく大多数の有権者はそう考えるという問題は、技術の進歩のみによっては解決できません。有権者とは社会生活を送る一般市民であり、政治や政策のことだけを考えるほど暇でもなければ、それを強いられる義務も負っていないのです。

たくさんの政策課題があり、それぞれに大量の情報を使って判断しなければならない場合に、暇ではない有権者はどうするでしょうか。恐らくはサボってしまいます。政策決定のための集まりに参加しない、あるいは他の人が言っていることに従って選択する、といった事態が起こるでしょう。有権者の多数が一部の熱心な人の勧めに従って選択するのであれば、声の大きな人、その政策課題について熱心に取り組んでいる一部の人が、政策決定を実質的に支配していることになります。その人たちが組織化もされず、何らの説明責任も負わないのであれば、民主主義としてはむしろ望ましくありません。それよりも、政党が存在しており、政策課題についての情報や考え方を整理し、まとまった形で有権者に提示する方がよいのです。同じような役割は、ＮＧＯやＮＰＯ、あるいは利益集団にも果たすことはできます。しかし、これらの組織に対しては、一般市民（有権者）が評価や制裁を加えるメカニズムが存在していないので、説明責任の確保ができません。公正な情報提供者のふりをして、特定の人々を利することもできてしまいます。公的存在として複数の政党があり、それらが選挙において競争する仕組みは、なかなか優れたものなのです。

今日の政策課題の特徴は、多くの課題が複雑な連動をしていることです。たとえば、安倍政権が二〇一六年に打ち出した「一億総活躍」という政策を考えてみましょう。言葉自体の響きの善し悪しはともかく、従来の日本社会で活躍が制約されがちだった女性や高齢者がもっと社会的に貢献できる、そしてそれを通じて自己実現できる基盤をつくり出すという考え方には異論はあまりないでしょう。そうであったとしても、この考え方を具体化しようとすると、極めて多くの制度変革や政策変更が必要になります。女性が働きやすい環境を本気でつくろうとすれば、就職の際に男女差別を許さないのはもとより、初等中等教育段階から男女の性差や役割分担を再考する機会を増やす、結婚の時点で改姓をせずにすむよう夫婦別姓を認める、子育ての負担が重くならないよう育児休業の制度や保育所を整備し、さらに夫の働き方も変える、共働きに不利な税制を改める、先例になるモデルが少ない中でのキャリアアップのために研修を促進する、年老いた親の介護に時間や費用がかかりすぎないよう施設を増やす、等々の基盤整備がなされる必要があります。ひょっとすると、一つの家を単位にして墓を建てて埋葬するという習慣や、それを支えるルールも、変えねばならないかもしれません。この中には、ジェンダー平等、夫婦別姓、育児・介護の社会化のように、それ自体が家族や地域共同体の価値といった別の論点と絡み合い、賛否が分かれてしまう事柄が含まれています。現在の日本社会は、非常に複雑な制度と、それらを支える異なった複数の理念によって構成されている以上、それは当然のことだといえるでしょう。

このような場合に、複数の制度や論点の間のつながりを明示し、何と何がリンクしているのかをはっきりさせて、パッケージとして提示する機能は、政党が果たすべきものです。従来であれば、〇〇主義と呼ばれるようなイデオロギー（体系的世界観）あるいは包括的な社会像が存在しており、そこから演繹的に個別の政策課題への対応や態度を導くことができました。これからの時代は、さまざまな政策領域ごとにバラバラに選択肢が存在しているようにみえるけれども、それらの間には実はリンケージがあり、関連づけて考えていかねばならないことを丁寧に示す作業が、財源や時間を無駄にしない政策決定のためには不可欠になります。また、ある政策を採用すれば別の政策は同時に採用できないこと、誰かに何かの利益を与えれば何らかの負担やマイナスが別のところに生じること、つまりトレードオフの状態が存在することを明示する作業も、なされなくてはなりません。政府やマスメディアなどに蓄積されている情報を集め、分析し、責任を持って政策の選択肢として情報提供する機能は、政党が担うことになるのです。有権者は、どの政党が最も適切なリンケージとトレードオフに関する構図を提示しているかを基準にして、政党を評価することになります。

情報交換のための政党

このように、現代の政策課題とそれへの対応には、常にリンケージとトレードオフがついてまわります。バラバラに存在している政策課題と対応を、関連づけながら結びつける作業は、あたかも夜空に浮かぶ星を線でつないで星座を描くような営みです。星座の世界では、全く無関係に、意味も規則性もなく存在しているように見える星が、地上にいる観察者によってつながれて、カシオペア座とかオリオン座といった名前と、それぞれの物語を与えられます。つながれなかった星は、どんなに近くにあっても同じ星座にはなりませんし、基本的には別の存在として扱われます（社会的な事柄の関連づけという意味で星座の比喩を使う例として、山口県立大学国際文化学部〔二〇一二〕があります）。

政策のリンケージとトレードオフを考えることは、星座を描くようにロマンティックではありませんが、相互の関係が明らかになることで認識や理解が深まり、難しい課題であっても取り組みやすくなる可能性が高まります。有権者にとっては、政策判断やその基礎となる情報の吟味にかけられる時間と労力が限られている以上、このような情報縮約が政党を通じてなされること、しかもその縮約の構図が複数存在していて有権者が選択できることは、非常に有益です。

さらにいえば、夜空を見上げて星座を描く作業は、政治家や政治家をサポートする官僚その他の専門家にすべて委ねておく必要はありません。むしろ、難しいトレードオフが多くなり、有権者の誰もが満足できる政策が少なくなっていく時代になるほど、有権者自身がこの作業に参加する機会を確保すべきなのではないでしょうか。

政党は、そのための回路あるいは場にもなりえます。最近よくいわれる政治のあり方、民主主義のあり方として、熟議があります（田村 二〇〇八）。熟議や熟議民主主義にはさまざまな定義があり、簡単にまとめてしまうことは本来できません。しかし、あえて乱暴に要約してしまうならば、さまざまな立場の人が話し合っていく過程で、それぞれの人の考え方が変わり、話し合う前よりも各参加者がよりよく納得して意思決定ができる、というものです。ただ、熟議民主主義を実際の政治制度として組み込むのは、なかなか容易ではありません。有権者が面倒くさがって話し合わないこともありますし、有権者がもともと持っている知識や能力に差があることも否定できません。さらに、意思決定までの時間が有限であれば、納得できない人が残る段階でも決めなくてはならないわけですが、現実の政策課題で時間的制約がないものはむしろ稀です。しかし、政党にはもともと似た関心を持つ人々が集まることを利用し、その内部において政策課題と対応策の星座を描き出す作業においてならば、熟議は可能であり、かつ有効なのではないかと思われます（Ebeling and Wolkenstein 2017）。

具体的には、ある程度長い時間を確保し、できるだけ広範囲かつ複数の政策課題を挙げるところから作業を始め、それらの相互関係がどのようなものかについて、有権者の議論を繰り返しながら確定させていきます。この作業に基づいて、政党としての天体図、すなわちリンケージとトレードオフに関する体系的な見取図を作成し、関連する政策課題の間に矛盾のない解決策をつくり出していきます。もちろん、政党以外の場でも、こうしたことを自発的にやっているグループというのは、日本中、世界中に存在しているものと思われます。しかし、代議制民主主義の下での政党は、主に議員が所属していることによって制度的に特別な地位を与えられていますから、追加的なコストをあまりかけずに情報を集めて議論するために好都合なのです。この作業は、最終的には政策決定に役立てることを目指すわけですが、熟議の過程ではそこにこだわることもないでしょう。むしろ、この政策課題とあの政策課題はつながっているのではないか、いや切り離せるといったことについて、日常の生活経験などの中から有権者が自由に考えたり、議論したりすること、あるいはそのような思いを発言して聞いてもらうことが、民主主義のあり方としてはより大切なのです。

現在、ほぼすべての先進国が新しい経験をしています。それは、利益配分以外の政治を民主主義の下で進めていくという経験です。日本は課題先進国などと呼ばれるようになりましたが、急激に利益配分政治ができなくなり、有権者やさまざまな社会集団に負担を求めることが政治の役割になったという意味では、まさにその通りかもしれません。言い換えれば、先進諸国はどこも基本的に下り坂の時代なのですが、日本は坂にさしかかるタイミングが少し遅かった代わりに、坂の斜度は他国よりも厳しいのです。しかし、目の前にある課題そのものは同じなのであって、そこをどれだけスマートに下っていけるかが、その国の政治にかかっているのでしょう。無理に下ると転倒して大怪我する人も出てしまいますし、下り坂ではないと嘘をついて人々を騙そうとする勢力は今後も出てくるでしょうが、それらを避けながらうまく坂を下りられるかどうか。そのために政党の果たす役割は今後もなくなることはありませんし、むしろ大きくなると考えるべきかもしれません。

主要参考文献

阿川尚之（二〇一三）『憲法で読むアメリカ史（全）』ちくま学芸文庫。

――（二〇一六）『憲法改正とは何か』新潮選書。

東浩紀（二〇一一）『一般意志２・０』講談社。

飯尾潤（二〇〇七）『日本の統治構造』中公新書。

五百旗頭薫（二〇〇三）『大隈重信と政党政治』東京大学出版会。

五十嵐武士（一九八四）『アメリカの建国』東京大学出版会。

伊藤光利／宮本太郎編（二〇一四）『民主党政権の挑戦と挫折』日本経済評論社。

伊藤之雄（二〇〇九）『伊藤博文――近代日本を創った男』講談社。

――（二〇一五）『原敬（上・下）』講談社選書メチエ。

猪木武徳（二〇〇九）『戦後世界経済史』中公新書。

猪口孝／岩井奉信（一九八七）『「族議員」の研究』日本経済新聞社。

イングルハート、ロナルド（一九九三）『カルチャーシフトと政治変動』［村山皓／富沢克／武重雅文訳］東洋経済新報社。

宇野重規（二〇一四）「鈍牛・哲人宰相と知識人たち」『アステイオン』第八一号。

――（二〇一八）「戦後保守主義の転換点としての一九七九～八〇年」アンドルー・ゴードン／瀧井一博編『創発する日本へ』弘文堂。

遠藤乾（二〇一六）『欧州複合危機』中公新書。

大嶽秀夫（一九九三）『新自由主義的改革の時代』中公叢書。

小原豊志（二〇〇四）「アンテベラム期アメリカ合衆国における選挙権『改革』の特質」『東北大学大学院 国際文化研究科論集』第一二号。

上川龍之進（二〇一四）『日本銀行と政治』中公新書。

苅谷千尋（二〇〇六）「名誉の政治学」『政策科学』第一四巻一号。

川人貞史（一九九二）『日本の政党政治　一八九〇‐一九三七年』東京大学出版会。

――（二〇〇四）『選挙制度と政党システム』木鐸社。

――（二〇〇五）『日本の国会制度と政党政治』東京大学出版会。

川人貞史／吉野孝／平野浩／加藤淳子（二〇一一）『現代の政党と選挙（新版）』有斐閣。

北岡伸一（一九九五）『自民党――政権党の三八年』読売新聞社。

――（二〇一七）『日本政治史（増補版）』有斐閣。

君塚直隆（一九九八）『イギリス二大政党制への道』有斐閣。

――（二〇一五）『物語イギリスの歴史（上・下）』中公新書。

北村亘（二〇〇九）『地方財政の行政学的分析』有斐閣。

駒村圭吾／待鳥聡史編（二〇一六）『「憲法改正」の比較政治学』弘文堂。

小山俊樹（二〇一二）『憲政常道と政党政治』思文閣出版。

境家史郎（二〇一七）『憲法と世論』筑摩選書。

笹部真理子（二〇一七）『「自民党型政治」の形成・確立・展開』木鐸社。

佐々木毅（一九八七）『いま政治になにが可能か』中公新書。

佐々木毅／二一世紀臨調編著（二〇一五）『平成デモクラシー』講談社。

佐藤誠三郎／松崎哲久（一九八六）『自民党政権』中央公論社。

サルトーリ、ジョバンニ（一九九二）『現代政党学』〔岡沢憲美／川野秀之訳〕早稲田大学出版部。

清水真人（二〇〇五）『官邸主導』日本経済新聞社。

――（二〇一八）『平成デモクラシー史』ちくま新書。

清水唯一朗（二〇〇七）『政党と官僚の近代』藤原書店。

ジョンソン、チャルマーズ（二〇一八）『通産省と日本の奇跡』〔佐々田博教訳〕勁草書房。

砂原庸介（二〇一七）『分裂と統合の日本政治』千倉書房。

曽我謙悟／待鳥聡史（二〇〇七）『日本の地方政治』名古屋大学出版会。

新川敏光／井戸正伸／宮本太郎／眞柄秀子（二〇〇四）『比較政治経済学』有斐閣。

瀧井一博（二〇一〇）『伊藤博文――知の政治家』中公新書。

竹中治堅（二〇〇六）『首相支配』中公新書。

――（二〇一〇）『参議院とは何か』中公叢書。

建林正彦（二〇〇四）『議員行動の政治経済学』有斐閣。

――（二〇一七）『政党政治の制度分析』千倉書房。

建林正彦／曽我謙悟／待鳥聡史（二〇〇八）『比較政治制度論』有斐閣。

谷口将紀（二〇一一）「制度改革」佐々木毅／清水真人編著『ゼミナール現代日本政治』日本経済新聞出版社。

玉井清（二〇一三）『第一回普選と選挙ポスター』慶應義塾大学出版会。

田村哲樹（二〇〇八）『熟議の理由』勁草書房。

筒井清忠（二〇一二）『昭和戦前期の政党政治』ちくま新書。

――（二〇一八）『戦前日本のポピュリズム』中公新書。

トクヴィル、アレクシ・ド（二〇〇五～〇八）『アメリカのデモクラシー（全四巻）』［松本礼二訳］岩波文庫。

冨森叡児（二〇〇六）『戦後保守党史』岩波現代文庫。

中北浩爾（二〇一四）『自民党政治の変容』ＮＨＫブックス。

――（二〇一七）『自民党――「一強」の実像』中公新書。

奈良岡聰智（二〇〇六）『加藤高明と政党政治』山川出版社。

――（二〇〇九）「一九二五年中選挙区制導入の背景」日本政治学会編『年報政治学二〇〇九－Ⅰ号　民主政治と政治制度』木鐸社。

――（二〇一五）『対華二十一箇条要求とは何だったのか』名古屋大学出版会。

日本再建イニシアティブ（二〇一三）『民主党政権　失敗の検証』中公新書。

野中尚人（一九九五）『自民党政権下の政治エリート』東京大学出版会。

――（二〇一六）『さらばガラパゴス政治』日本経済新聞出版社。

バーク、エドマンド（二〇〇〇）『バーク政治経済論集』［中野好之訳］法政大学出版会。

ハミルトン、アレグザンダー／ジョン・ジェイ／ジェイムズ・マディソン（一九九九）『ザ・フェデラリスト』［斎藤眞／中野勝郎訳］岩波文庫。

早野透（二〇一二）『田中角栄』中公新書。

フォーナー、エリック（二〇〇八）『アメリカ　自由の物語（上・下）』［横山良／竹田有／常松洋／肥後本芳男訳］岩波書店。

プラトン（一九七九）『国家』〔藤沢令夫訳〕岩波文庫。

細谷雄一（二〇一六）『迷走するイギリス』慶應義塾大学出版会。

前田幸男／堤英敬編著（二〇一五）『統治の条件』千倉書房。

前田亮介（二〇一六）『全国政治の始動』東京大学出版会。

升味準之輔（二〇一一）『〔新装版〕日本政党史論』東京大学出版会。

増山幹高（二〇〇六）「参議院の合理化」『公共選択の研究』第四六号。

――（二〇一三）「小選挙区比例代表並立制と二大政党制」『レヴァイアサン』第五二号。

待鳥聡史（二〇一二）『首相政治の制度分析』千倉書房。

――（二〇一五a）『政党システムと政党組織』東京大学出版会。

――（二〇一五b）『代議制民主主義』中公新書。

――（二〇一六）『アメリカ大統領制の現在』NHKブックス。

――（二〇一八）「保守本流の近代主義」アンドルー・ゴードン／瀧井一博編『創発する日本へ』弘文堂。

松沢裕作（二〇一六）『自由民権運動』岩波新書。

的場敏博（一九九〇）『戦後の政党システム』有斐閣。

――（一九九八）『政治機構論講義』有斐閣。

マンデヴィル、バーナード（一九八五）『蜂の寓話』〔泉谷治訳〕法政大学出版会。

水島治郎（二〇〇二）「西欧キリスト教民主主義」日本比較政治学会編『現代の宗教と政党』早稲田大学出版部。

――（二〇一六）『ポピュリズムとは何か』中公新書。

三谷太一郎（一九九五）『〔増補版〕日本政党政治の形成』東京大学出版会。

ミュデ、カス／クリストバル・ロビラ・カルトワッセル（二〇一八）『ポピュリズム――デモクラシーの友と敵』〔永井大輔／髙山裕二訳〕白水社。

ミュラー、ヤン＝ヴェルナー（二〇一七）『ポピュリズムとは何か』〔板橋拓己訳〕岩波書店。

村井良太（二〇〇三）『政党内閣制の成立　一九一八～二七年』有斐閣。

――――（二〇一四）『政党内閣制の展開と崩壊　一九二七～三六年』有斐閣。

村松岐夫（一九八一）『戦後日本の官僚制』東洋経済新報社。

薬師寺克行（二〇一四）『現代日本政治史』有斐閣。

山口県立大学国際文化学部編（二〇一三）『星座としての国際文化学』青山社。

山崎望／山本圭編（二〇一五）『ポスト代表制の政治学』ナカニシヤ出版。

山田真裕（二〇一七）『二大政党制の崩壊と政権担当能力評価』木鐸社。

吉田徹（二〇一一）『ポピュリズムを考える』ＮＨＫブックス。

ルソー、ジャン＝ジャック（二〇〇五）『人間不平等起原論・社会契約論』〔小林善彦／井上幸治訳〕中公クラシックス。

Duverge, Maurice. 1964. *Political Parties*. London: University Paperbacks [translated by Barbara and Robert North].
Ebeling, Martin, and Fabio Wolkenstein. 2017. "Exercising Deliberate Agency in Deliberative Systems." *Political Studies* Online First Edition on September 29. DOI: 10.1177/0032321717723514.
Gallagher, Michael. 1991. "Proportionality, Disproportionality and Electoral Systems." *Electoral Studies* 10: 33–51.
Hijino, Ken Victor Leonard. 2017. *Local Politics and National Policy*. London: Routledge.
Kitschelt, Herbert. 1994. *The Transformation of European Social Democracy*. New York: Cambridge University Press.
Laakso, Markku, and Rein Taagepera. 1979. "'Effective' Number of Parties." *Comparative Political Studies* 12: 3–27.

Lipset, Seymour Martin, and Stein Rokkan. 1967. "Cleavage Structures, Party Systems, and Voter Alignments." In Lipset and Rokkan, eds., *Party Systems and Voter Alignments*. New York: Free Press.

Machidori, Satoshi. 2015. "The Last Two Decades in Japanese Politics: Lost Opportunities and Undesirable Outcomes." In Yoichi Funabashi and Barak Kushner, eds., *Examining Japan's Lost Decades*. London: Routledge.

Meguid, Bonnie M. 2008. *Party Competition among Unequals*. New York: Cambridge University Press.

Mudde, Cas. 2007. *Populist Radical Right Parties in Europe*. Cambridge: Cambridge University Press.

あとがき

現在は、政党そのものの存在意義に強い疑念が抱かれている時代の一つである。政党は常に嫌われ、批判される存在であったが、その程度は時代によって異なる。今日の政党への否定的な感情や評価は、すべての有権者に政策的な対立軸を示し、支持者に利益を配分していた第二次世界大戦後の安定期に比べて、明らかに強まっているようにみえる。元来、政党は社会の部分を代表する存在であるがゆえに公益を追求する役割を担いうるという正当化は、いささか分かりづらいことは確かである。加えて、政党が最も得意としてきた対立軸の提示や利益配分が困難になれば、否定的な見方が強まるのは当然かもしれない。

だからといって、政党を打ち捨てて民主主義は存続できるのか。打ち捨てる前に、政党政治の全体像を改めて把握する必要があるのではないか。本書を通じて考えようとしたのは、こうしたことであった。

私は、二〇一五年に『政党システムと政党組織』（東京大学出版会）と『代議制民主主義』（中公新書）という二冊の小著を上梓した。今回、本書をまとめるにあたっては、これら二冊の中間点に位置づけることを意識した。すなわち、従来の政党研究や日本政治研究の理論的検討を中心とした『政党システムと政党組織』と、比較政治学の成果を基礎にしつつ日本以外を含む先進諸国における今日的課題を扱った『代議制民主主義』の双方から出発して、日本の民主主義と政党政治により即した議論を展開しようと試みたのである。

歴史的な展開についての叙述など、本書には私が自ら研究してきたわけではない内容が含まれていることもあり、勉強不足によって不首尾に終わっている懸念は残る。しかし、日本という具体的な対象にこだわりつつ、政党政治の全体像を描き出すための一つの挑戦として受け入れていただけるならば、著者としてこれに過ぎる喜びはない。

本書の原型になっているのは、京都市山科区のミネルヴァ書房において二〇一六年九月から一二月にかけて同じタイトルで行った、第八回「究」セミナーの記録である。そもそも私が政党政治の全体像や民主主義との関係について十分に話せるほどの学識があるのかという問題を別にしても、学生や研究者とは異なる一般来聴者に向かって、専門的な知見を踏まえつつも難解になりすぎず、かつ具体性を伴った話をするのは、楽しいながらも予想以上に難しいことであった。テーマの大きさから、一回二時間を三回、合計でも六時間のセミナーで話すのは、無謀な試みだったといわざるを得ない。

結果的に、残された記録にはさまざまな問題があり、少しの手直しで書籍化できるとは思われなかった。とりわけ、私なりの視点から政党政治と民主主義を総合的に考えるという意図に対して、話した内容は粗密に偏りがありすぎ、また一冊の本にするには分量的にも大幅に不足していた。セミナー開催時点での非常に時事的な内容や、ほとんどの来聴者が京都や大阪にお住まいであることを前提とした話題、思い違いや重複がある箇所、口語的であるために文章化するとかえって分かりづらい表現を除くと、本書の半分程度の分量にもならなかった。

そこで、単純に不足している分を補うという発想を捨て、実質的には多くの箇所を出版にあたって書き下ろすことにした。セミナーの基本的な構成は維持し、全篇に「です」「ます」体を使うことで話した際の雰囲気が残るよう心がけつつも、本書に述べられたことの少なくない部分は、実際には話されなかった内容となった。参考文献リストも新たに作成した。専門家ではないが政党政治に関心のある方に考えを深めていただくきっかけとなるよう、近年刊行の日本語文献を中心に挙げ、海外文献は行論において直接に引用や参照した場合に限った。

今回、これまで漠然と考えてきたことについて、まとまった形で話し、さらにそれを一冊の著作にできたことは大きな収穫であった。このような機会を与え、出版に際してもお手伝いいただいたミネルヴァ書房編集部の堀川健太郎さんと、セミナーの場で私の分かりづらい話に辛抱強く耳を傾けてくださった来聴の皆様方に、心から御礼を申し上げたい。

二〇一八年五月

待鳥聡史

人名索引

ま　行

や・ら・わ　行

事項索引

あ　行

か　行

さ　行

た　行

な　行

は　行

ま　行

や・ら・わ　行

《著者紹介》

待鳥聡史（まちどり・さとし）

1971年　生まれ。
1996年　京都大学大学院法学研究科博士後期課程退学。博士（法学）。
現　在　京都大学大学院法学研究科教授。
著　書　『財政再建と民主主義』有斐閣，2003年（アメリカ学会清水博賞受賞）。
『〈代表〉と〈統治〉のアメリカ政治』講談社選書メチエ，2009年。
『首相政治の制度分析』千倉書房，2012年（サントリー学芸賞受賞）。
『政党システムと政党組織』東京大学出版会，2015年。
『代議制民主主義』中公新書，2015年。
『アメリカ大統領制の現在』NHK ブックス，2016年，など多数。

セミナー・知を究める③
民主主義にとって政党とは何か
——対立軸なき時代を考える——

2018年6月30日　初版第1刷発行　〈検印省略〉

定価はカバーに
表示しています

著　者　待　鳥　聡　史
発行者　杉　田　啓　三
印刷者　田　中　雅　博

発行所　株式会社　ミネルヴァ書房

607－8494　京都市山科区日ノ岡堤谷町1
電話代表（075）581－5191
振替口座　01020－0－8076

創栄図書印刷・新生製本

ISBN978-4-623-08359-6
Printed in Japan

セミナー・知を究める

①海洋アジア vs.大陸アジア　白石　隆 著
②恩人の思想　山折哲雄 著
③民主主義にとって政党とは何か　待鳥聡史 著

叢書・知を究める

①脳科学からみる子どもの心の育ち　乾　敏郎 著
②戦争という見世物　木下直之 著
③福祉工学への招待　伊福部　達 著
④日韓歴史認識問題とは何か　木村　幹 著
⑤堀河天皇吟抄　朧谷　寿 著
⑥人間《ひと》とは何ぞ　沓掛良彦 著
⑦18歳からの社会保障読本　小塩隆士 著
⑧自由の条件　猪木武徳 著
⑨犯罪はなぜくり返されるのか　藤本哲也 著
⑩「自白」はつくられる　浜田寿美男 著
⑪ウメサオタダオが語る、梅棹忠夫　小長谷有紀 著
⑫新築がお好きですか？　砂原庸介 著

ミネルヴァ書房
http://www.minervashobo.co.jp/